贏在格局
輸在心計

每個人的心，
都該有片屬於自己的海！

前言

我們每個人都是一個容器，裝著個性、特質、想法……這些元素組合成一個「我」，於是一個人的能力便受到容器中的內容物所影響，正如世界上所有的東西一樣，不同的「成分」會組合成不同的事物，相同的「成分」也會排列成不同的事物，人的一生也會因此迎來不一樣的過程和結果。

所謂格局，可以是空間的結構和樣式，而空間也可以視為一個容器，不一樣的格局會給使用者帶來不同的生活體驗，所以格局的好壞關乎人的生活品質。同樣地，格局也可以用來表示一個人的「心胸」與「氣度」，而這就關乎了人的人生品質。

你覺得自己擁有什麼樣的格局呢？

人的思考能力相對高於萬物，是一種具備彈性的生物，所以在思考的拉扯下，我們的內心（或想法）會展現出延展收縮的特性，並藉此針對外在的環境來進行調整，很多時候只是一個念頭的轉變，眼前的視野就會截然不同了。

我們都希望擁有更多的東西，讓自己的生活、人生豐富有料，但握緊的雙手抓不住什麼，只有張開手，才有機會掌握新的東西。不管你面對的是你想要的，還是你不想面對的，如果你不敞開心胸，你永遠不會知道。

其實，我們在面對人生或是生活時，常常是自己侷限了自己的能力和選擇，實際上，我們每個人都有能力去迎戰。雖然在解決難題的當下總會感到沮喪和挫折，但是試著換個立場、換個角度去看，跳脫眼前的框架後，一切都會豁然開朗。

每個人的心中都有一片大海，試著用這片海去包容、孕育和創造，千萬別讓它乾涸了，少點計較，多點包容，把自己的格局加以擴展，內容豐富了，框架去除了，你會發現，航向成功的路途也許並沒有原先設想的那麼暗潮洶湧。

目錄

第一章

確實地抓住方向

第二章 培養廣闊的胸襟

第三章

掌握自我價值

第一章

確實地抓住方向

在開始邁向成功之前，
應先問你自己一個問題：
我的目標是什麼？

讓目標清晰可見

在開始邁向成功之前，應先問你自己一個問題：我的目標是什麼？設定明確的目標，是所有成就的出發點。那些百分之九十八的人之所以失敗的原因，就在於他們從來都沒有設定明確的目標，並且也從來沒有踏出他們的第一步。

研究那些已獲得永續成功的人物時，就會發現，他們每一個人都各有一套明確的目標，都已訂出達到目標的計畫，並且花費最大的心思和付出最大的努力來實現他們的目標。

明確目標已不只是一個願望而已，它已形成了一股強烈的欲望，只有發掘出你的強烈欲望才能使你獲得成功。認識願望和強烈欲望之間的差異是極為重要的。我們每個人都希望得到更好的東西——如金錢、名譽、尊重，但是大多數的人都僅把這些希望當做一種願望而已，如果你知道你希望得到的是什麼，如果你對達到自己的目標的堅定性已到了執著的程度，而且能以不斷的努力和穩健的計畫來支持這份執著的話，那你就已經是在發展你的明確目標。

一旦你學會如何駕馭內心裡的巨大潛能，以及如何組織已經擁有的知識的話，你就能把它們變成為達成明確目標所不可或缺的力量。

有句諺語說道：「如果你只想種植幾天，就種花；如果你只想種植幾年，就種樹；如果你想流傳千秋萬世，就種植觀念！」

就如愛迪生（Thomas Alva Edison）所說：「單一個觀念產生的力量，就可能超過一個世紀以來所有人、動物和引擎所產生的力量。」務必使你的觀念和明確目標發揮作用。從明確目標中會發展出自力更生、個人進取心、想像力、熱忱、自律和全力以赴，這些全都是成功的必備條件。

據美國勞工部統計，每一百個美國人當中只有三個人能在六十五歲時，可以獲得經濟上某種程度的無憂無慮。每一百個六十五歲（或以上）的美國人當中，九十七個人一定要依賴他們每個月的社會保險支票才能生存。

每十個從事高薪職業，例如律師、醫生的美國人當中，只有五個人活到六十五歲時，不必依賴社會保險金。你聽到這項統計數字之後，是否大吃一驚呢？不管人們在他們最具生命力的年齡中獲得怎樣的收入，卻只有如此少數的人能達到可觀的經濟成就。大多數人都幻想他們的生命是永恆不朽的。他們浪費金錢時間以及心力，從事所謂的「消除緊張情緒」的活動，而不是去從事「達到目標」的活動。大多數人每週辛勤工作，賺夠了錢，在週末把它們全部花掉。

大多數人希望命運之風把他們吹進某個富裕又神祕的港口。他們盼望在遙遠未來的「某一天」退休，在「某地」一個美麗的小島上過著無憂無慮的生活。倘若問他們將如何達到這個目標。他們回答說一定會有「某種」方法的。

如此多的人無法達到他們的理想，其原因在於：他們從來沒有真正定下生活的目標。拿破崙·希爾（Napoleon Hill）告訴我們有了目標才會成功。他說，正確的心態只是成功戰略的第一步，一旦打下了基礎，你就可以在上面建築了，而目標則是構築成功的磚石。

目標的作用不僅是界定追求的最終結果，它在整個人生旅途中都起作用，是成功路上的里程碑。

我們給自己定下目標之後，目標就在兩個方面發揮作用。它是努力的依據，也是對我們的鞭策。目標給了我們一個看得著的射擊標靶。隨著我們努力實現這些目標，我們就會有成就感。對許多人來說制定和實現目標就像一場比賽，隨著時間推移，我們實現一個又一個目標，這時我們的思維邏輯和工作方式又會漸漸改變。

放棄不屬於自己的目標

人生是個不斷探索的過程。失敗有時並不是由於能力、學識的不足，而是由於你錯誤地選擇了目標。而失敗正是給予了你一個重新思考、從錯誤中解脫的良機。

美國著名的不動產經紀人安德魯最初是葡萄酒推銷員，這是他的第一份工作。他不知道自己還能幹什麼，於是他認為自己的目標就是「賣葡萄酒」。最初他為一個賣葡萄酒的朋友幹活，接著為一名葡萄酒進口商工作，最後和另外兩個人合作辦起了自己的進口業務，這並非出自熱情，而是因為，正如他自己所說：「為什麼不？我過去一直在賣葡萄酒。」

生意越來越糟，可安德魯還是拚命抓住最後一根稻草，直到公司倒閉。他不改行，是因為他不知道還能幹什麼。

事業的失敗迫使他去上一門教人們如何開業的課，他的同學有銀行家、藝術家、汽車修理工，他逐漸認識到這些人並不認為他是個「賣葡萄酒的」，而認為他是個「有才能的人」、「高手」，他們對他的看法使他拋棄了原來的目標。

他恍然大悟，仔細分析，探索其他行業，檢查自己到底想幹什麼。最後，他選擇了和妻子一起開展不動產業務，使他取得了推銷葡萄酒永遠不能為他帶來的成功。許多職業專家認為，一個人一生中至少要經過兩三次變換，最後才能找到適合自己特長的事業，而確定自己合理的目標，則需要同樣長的一段時間。

十八世紀英國的大政治家伯基（William Norman Birkett）說過：「無法付諸實現的事物，是不值得我們去追求的。在這個世界上，若是經過了解以及正確的追求而仍然無法得到的東西，那麼這種東西對我們毫無益處可言。」

日復一日，年復一年，永遠要有目標——屬於你自己的目標，不是別人強加在你身上的目標——是你自己的目標。

目標必須是你自己的，否則的話，你的努力便對你沒有好處了。身為一個人，你必須澄清你的思想，除去不相干的事件並深入你的內心，看清你要達到的目標是什麼。

在我們擬定自己的目標時，不要讓慣常的思想奪走我們的決心。假如做一張桌子能使你感到滿足，那就是一個值得完成的目標——縱使除你以外的人都覺得沒有什麼價值，那也沒有什麼關係。如果寫一本五百頁的書使你感到厭倦，那就是一個不值一試的目標了，為什麼？因為它不能使你滿足，儘管別人認為那很重要，你也不必去管它。

凡是目標，不論大小，都有意義——只要它能使你得到成就感。目標本身沒有大小，大小全看你的想法。

英國詩人白朗寧在《一個數學家的葬禮》中寫道：實事求是的人要找一件小事做，找到事情就去做；心高氣傲的人要找一件大事做，沒有找到則已然身故。實事求是的人做了一件又一件，不久就做了一百件；心高氣傲的人一下就要做百萬件，結果一件也未實現。白朗寧的這首詩生動地說明了制定的目標必須「恰當」、「現實」的重要性。

蜘蛛猿是一種很有趣的動物，牠是生長在中南美洲、很難捕捉的一種小型動物。多年來，人們想盡方法，用裝有鎮靜劑的槍去射擊，或用陷阱捕捉牠們都無濟於事，因為牠們的動作實在太快了。後來，有人想出了一個辦法，在一個窄瓶口的透明玻璃瓶內放進一顆花生，然後等待蜘蛛猿走向玻璃瓶，伸手去拿花生。一旦牠拿到花生時，你就可以逮到牠了。

因為當時蜘蛛猿手握拳頭緊抓著那顆花生，所以牠的手抽不出玻璃瓶，而那個瓶子對牠來說又太大了，使牠無法托著瓶子走。但牠十分頑固——或者是太笨了——始終不願意放下那顆已經到手的花生。就算你在牠身旁倒下一大堆花生或香蕉，牠也不願意放開手中那顆花生，所以這時狩獵者便可以輕而易舉地抓到牠。

生命中有些時候，為了追求更遠大的目標，你就必須先放下手中的那顆花生。這不是冒險，而是你願意改變一些習慣，使自己更有彈性，願意在嘗試新的方法之前，先放棄一些現有的利益。

羅賓的妻子請了一位調音師到家裡來給孩子的鋼琴調一調音，這位調音師還真是個能手，只見他很仔細地鎖緊了每一根琴弦，使它們都鎖得恰到好處，而能發出正確的音符。

當他完成整個調音工作後，羅賓問他要付多少錢，他笑一笑地答道：「還不急，等我下次來的時候再付吧！」羅賓不解地問道：「下次？你這是什麼意思？」調音師說：「明天我還會再來，然後一連四個星期每週來一次，再接下來每三個月來一次，共來四次。」他的話弄得羅賓一頭霧水，不由得問道：「你說什麼？鋼琴不是已經調好音了嗎？難道還有問題？」調音師清了清喉嚨說道：「我是調好音了，可是那只是暫時的，如果琴弦要能保持在正確的音符上，就必須繼續『調正』，所以我得再來幾次，直到這些琴弦能始終維持在適當的綳緊程度。」

聽完他的話，羅賓不禁心裡嘆道：「原來還有這麼大的學問！」那天羅賓著實是上了重要的一課。

同樣的道理，如果我們希望目標能維持長久直至實現，那就得像鋼琴的調音工作一樣。一旦我們有了什麼樣的進展就得立即強化，這種強化的工作不能只做一次，而得持續做到目標完成為止。

即使你建立了確定的理想和真心誠意要達到這個確定的目標，還有一個值得注意的問題，就是你的目標切實可行嗎？許多人都有一種對自己要求過高的習慣，他們總是想做到最好，有時顯然是不可能的。一些對自己要求過高的人總是拿別人最好的優點與自己一般的特點相比。他們拿自己與著名的模特兒相比來評價自己的身材相貌；他們拿自己與所知道的最富有的人相比來判斷自己的財富。這種比較都是不切實際的，因此也不可避免地貶低自己的自尊心。我們無論如何不應該讓自己具有這種毛病。那是我們的人生殺手。

堅持渴望擁有的結果直到成功

瑪莎喜歡她的馬——愛爾莎，但現在，她生氣、傷心、失望、沮喪、疲憊、喪氣、心碎。她一連花了幾個星期來清洗、裝扮和訓練這匹馬；就為了這次大型展示活動。

這天，她淩晨三點就爬了起來，給愛爾莎梳洗裝扮，細緻入微，從頭到腳給牠打理了一番，一絲一毫都沒放過。愛爾莎的鬃毛被編成了漂亮的辮子；牠的尾巴修飾得像一件藝術品；牠的皮毛像擦亮的金屬一樣閃閃發亮；牠的馬蹄在陽光照耀下閃閃發光；還有馬轡、韁繩、馬鞍，都被擦洗得乾乾淨淨。瑪莎的裝扮也毫無瑕疵，她像個嬌小可愛的洋娃娃一樣走進了大會的賽場。到底發生了什麼事？愛爾莎在該跳的時候卻不跳。事實上，牠甚至連跳都不跳一下。瑪莎的馬由於命令下了三次都沒有跳，便被取消了資格。這對瑪莎來說，就意味著幾百個小時的辛苦工作都付之流水，贏得綬帶的夢想也化成了泡影。

當我們受到挫折時，我們也可能會縛起兩手，失去我們所擁有的東西；或者我們挽起袖子，從頭開始，找回我們想要的東西。瑪莎這位十六歲的小姑娘，決心挽起她的袖子，重新去贏得她想要的東西——一匹可以奪冠軍的馬。她給愛爾莎標了一個價碼，並在報紙上登廣告出讓。她堅持她出的價碼不降，經過一番交易，她終於如願以償。她把這筆錢存入銀行，開始尋找另一匹理想的馬。她拜訪當地的馬房，參觀當地的展覽，閱讀每一份能得到的有關馬的資訊的印刷品，最後她終於得到一匹漂亮但有點年輕的馬——巴布，牠是一匹出生後就被閹割了的兩歲小馬。瑪莎和巴布第一次相見，便互相喜歡上了對方——但還有個小問題，買巴布所需要的錢，要遠遠超過瑪莎轉讓愛爾莎所得的錢。但瑪莎堅決不要爸爸和媽媽的經濟幫助。

這種情形只是會放慢瑪莎前進的腳步，但絕不會阻止她繼續向前。因為瑪莎是這樣一個女孩——她認為如果想要什麼東西就必須去做。她還相信實現目標的基本法則是：你能看多遠，你就能走多遠，當你到達了你目力所及的地方，你會發現你還能看得更遠。為了買下巴布，她用轉讓愛爾莎得來的錢作為頭期款，然後列出一個湊齊那筆錢的計畫。她找到了一份工作，用賺來的錢付清了餘額。她還找來行家幫助她訓練巴布，一切費用自己支付。瑪莎和巴布經過長時間的辛苦訓練，他們終於開始贏得綬帶。瑪莎房間的牆壁上掛滿了各種顏色的綬帶，她獲得了比她為巴布付出多四倍的東西。

如果我們非常想得到某件東西，我們就必須把它作為自己堅定的目標。在我們充滿信心地追求一個目標時，會有很多事情發生，只要我們相信自己不會失敗，這些事情就會成為促使我們成功的有利因素。

被人們譽為「鋼鐵大王」的安德魯．卡內基（Andrew Carnegie）在三十三歲時就使自己建立的鋼鐵公司躍升為美國最大的鋼鐵公司。那一年，他在自己的備忘錄中寫道：「人生必須有目標，而賺錢是最壞的目標。沒有一種偶像崇拜比崇拜財富更壞的了。」

近來常發現人們對事情的第一個反應是「多少錢？」你旅行回來，朋友問你：「花了多少錢？」你要上大學了，父母擔心：「投資那麼多，什麼時候才可以賺得回來？」讓孩子學鋼琴，同事會讚嘆：「很好啊！將來做家教教琴，真好賺呢！」似乎一切都變成了生意。好像我們每做一件事，目的都應該是為了賺錢。

你用「是否可以賺錢」來衡量事情，別人以「是否賺到了錢」來評價你。這樣，就俗化了事情原有的境界，使它由純潔地追求一個崇高的目標，降級為有利可圖就好。

理想的本身應該是件很有浪漫色彩的事，它追求的是一項高遠美麗的目標。它是一種力量和熱情，使你為它賠上時間與金錢在所不惜。而由於這理想本身美麗動人，常會吸引來許多志同道合的同志與同好，大家會用這種浪漫的心情來為這理想奠基，為它耕耘與開拓。於是，在力量與熱情的支持下，它開花結果，漂亮極了。

不是說，工作可以永遠不靠金錢的維持，更不是說，人們可不靠金錢而生存。金錢原該是工作的回報，而且應該是工作越好，金錢的回報越多。問題只是，當我們把注意力由工作轉向金錢之後，分散了對工作的專注，偏離了工作原來的意義，摻入了功利的雜質，為求迅速達到賺錢的目的而急切完成，為求較普及的市場而迎合俗眾，誤以初步的成功所賺來的金錢為終極的成功巔峰，不再追求精進，只在淺薄的水準上重複一項初步的完成。我們看到，太多有鋼琴天分的學生為了教琴賺錢，而終究未能成為一位更好的鋼琴家；我們看到太多的藝人，在剛起步時的成功之後，就停留在這一階段，在舞臺上風光一時之後，迅即消失。急功近利的做事態度，使人直接地奔向金錢，而無心顧及理想，更無暇完成理想。

希望你能在直接的財富之外，有眼光見到間接財富；在狹義的財富之外，有胸襟見到廣義的財富。創事業的人，追求理想的人，要能避開金錢之慾的侵襲，才算是走上了成功的第一步。

幾年以前的一個炎熱的夏天，一群人正在鐵路的路基上工作，這時，一列緩緩開來的火車打斷了他們的工作。火車停了下來，最後一節特製車廂的窗戶被人打開了，一個低沉的、友好的聲音響了起來：「大衛，是你嗎？」大衛．安德森（Dave Anderson）——這群人的負責人回答說：「是我，吉姆，見到你真高興。」於是，大衛．安德森和吉姆．墨菲（Jim

Murphy）——鐵路的總裁，進行了愉快的交談。在長達一個多小時的愉快交談之後，兩人熱情地握手道別。

大衛．安德森的下屬立刻包圍了他，他們對於他是墨菲鐵路總裁的朋友這一點感到非常震驚。大衛解釋說，二十多年以前他和吉姆．墨菲是在同一天開始為這條鐵路工作的。其中一個人半認真半開玩笑地問大衛，為什麼他現在仍在驕陽下工作，而吉姆．墨菲卻成了總裁。大衛非常惆悵地說：「二十三年前我為一小時一點七五美元的薪水而工作，而吉姆．墨菲卻是為這條鐵路而工作。」

如果我們是一個學生，只為分數而學習，那麼我們也許能夠得到好分數。但是，如果我們為知識而學，那麼我們就能夠得到更好的分數和更多的知識；如果我們為賺錢而努力，那麼我們可能會賺到很多錢。但是，如果我們想通過做生意來做一番事業，那麼我們就有可能不僅賺很多錢，而且會做一番大事；如果我們只為薪水而工作，我們有可能只能得到一筆很少的收入。但是，如果我們是為了我們所在公司的前途而工作，那麼我們不僅能夠得到可觀的收入，而且我們還能得到自我滿足和同事的尊重。

我們對公司做的貢獻越大，我們個人所得到的回報就會越多。

沒有一種成功是「隨便」能達成的

大多數的人認為，花時間去思考創造生活，是一種愚蠢的事情。我們的生活方式，不是動的就是靜的，不是積極的就是消極的，加以計畫，是沒有益處的。這種想法，就是不對的。我們堅定地相信：健全的計畫，可以為豐富而又富於動力的生活播下種子。人類在使自己超越一般動物狀態的當中，曾經運用計畫去達到我們所珍惜的目標，其中多半並非一時的成就。

當我們研究那些已獲得巨大成就的人物時，我們會發現，他們每一個人都各有一套明確的目標，都已訂出達到目標的計畫，並且花費最大的心思和付出最大的努力來實現他們的目標。

安德魯．卡內基原來是一家鋼鐵廠的工人，但他憑著製造及銷售比其他同行更高品質鋼鐵的明確目標，而成為全國最富有的人之一，並且有能力在全美國小城鎮中捐蓋圖書館。

他的明確目標已不是一個願望而已，它已形成了一股強烈的欲望，只有發掘出你的強烈欲望才能使你獲得成功。

認識願望和強烈欲望之間的差異是極為重要的。我們每個人都希望得到更好的東西如金錢、名譽、尊重——但是大多數的人僅把這些希望當做一種願望而已。如果你知道你希望得到的是什麼，如果你對達到自己目標的堅定性已到了執著的程度，那就已經是在發展我們的明確目標了。

從明確目標中會發展出自力更生、個人進取心、想像力、熱忱、自律和全力以赴，這些全都是成功的必備條件。我們要學到這些特質的優點以及如何培養和發揮這些優點，並將它們納入成功的計畫中。

從貧窮到富有，第一步是最困難的。其中的關鍵，在於你必須了解，所有財富和物質的獲得，都必須先建立清晰且明確的目標；當目標的追求變成一種執著時，你就會發現，你所有的行動都會帶領你朝著這個目標邁進。

卡內基就是一個很好的例子，當他決定要製造鋼鐵時，腦海中便不時閃現此一欲望，變成他生命的動力。接著他尋求一位朋友的合作，由於這位朋友深受卡內基執著力量的感動，便也貢獻出自己的力量；這兩個人的共同熱忱，最後再說服另外兩個人加入行列。

這四個人最後形成卡內基公司的核心人物，他們組成了一個智囊團，他們四個人籌足了為達到目標所需要的資金，而最後他們每個人也都成為巨富。

但這四個人的成功關鍵不只是「辛勤工作」而已，你可能也發現，有些人和你一樣辛勤工作——甚至比你更努力但卻沒有成功。教育也不是關鍵性的因素，有的人從來沒有拿過獎學金，但是他賺的錢，比所有念過大學的人都多。明確目標鼓勵你行動專業化，而專業化可使你的行動達到完美的程度。

你對於特定領域的領悟能力，以及在此一領域中的執行能力，深深影響你一生的成就。普通教育之所以重要，就在於它可使我們發現自己的基本需要和欲望，然而一旦你確定自己的需要和欲望之後，便應立即學習相關的專業知識；而明確目標好像一塊磁鐵，它能把達到成功所必備的專業知識吸到你這裡來。這就是目標的「聚焦」力量。

有人問羅斯福總統夫人（Anna Eleanor Roosevelt）：「尊敬的夫人，你能給那些渴求成功，特別是那些年輕、剛剛走出校門的人一些建議嗎？」總統夫人謙虛地搖搖頭，但她又接著說：「不過，先生，你的提問倒令我想起我年輕時的一件事：那時，我在班寧頓學院（Bennington）念書，想邊學習邊找一份工作做，最好能在電信業找份工作，這樣我還可以修幾個學分。我父親便幫我聯絡，約好了去見他的一位朋友，當時任美國無線電公司董事長的薩爾諾夫將軍（David Sarnoff）。等我單獨見到了薩爾諾夫將軍時，他便直截了當地問我想找什麼樣的工作，具體是哪一個工種？我想：『他旗下的公司，任何工作都讓我喜歡，無所謂選不選了。』便對他說，隨便哪份工作都行！

「只見將軍停下手中忙碌的工作，眼光注視著我，嚴肅地說，年輕人，世上沒有一類工作叫隨便，成功的道路是目標鋪成的！」

拿破崙．希爾指出：「除非你有確實、固定、清楚的目標，否則你就不會察覺到內在最大的潛能，你永遠只是『徘徊的普通人』中的一個，儘管你可以是個『有意義的特殊人物』。」

一個沒有目標的人就像一艘沒有舵的船，永遠漂流不定，只會到達失望、失敗和沮喪的海灘。前美國財務顧問協會的總裁路易斯．沃克曾接受一位記者訪問有關穩健投資計畫的基礎。

他們聊了一會兒後，記者問道：「到底是什麼因素使人無法成功？」

沃克回答：「模糊不清的目標。」

記者請沃克進一步解釋。他說：「我在幾分鐘前就問你，你的目標是什麼？你說希望有一天可以擁有一棟山上的小屋，這就是一個模糊不清的目標。問題就在『有一天』不夠明確，因為不夠明確，成功的機會也就不大。」

「如果你真的希望在山上買一間小屋，你必須先找出那座山，找出你想要的小屋現值，然後考慮通貨膨脹，算出五年後這棟房子值多少錢，接著你必須決定，為了達到這個目標每個月要存多少錢。如果你真的這麼做，你可能在不久的將來就會擁有一棟山上的小屋，但如果你只是說說，夢想就可能不會實現。夢想是愉快的，但沒有配合實際行動計畫的模糊夢想，則只是妄想而已。」

一位美國的心理學家發現，在為老年人開辦的療養院裡，有一種現象非常有趣：每當節假日或一些特殊的日子，像結婚周年紀念日、生日等來臨的時候，死亡率會戲劇性地降低。他們中有許多人為自己立下一個目標：要再多過一個耶誕節、一個紀念日、一個國慶日，等等。等這些日子一過，心中的目標、願望已經實現，繼續活下去的意志就變得微弱了，死亡率便立刻升高。

生命是可貴的，並且只有在它還有一些有價值的事情要做、要實現時，才得以延續下去。事實上，每個人都知道在生活中樹立目標的重要性，然而，或是受別人影響，或是出於對生活的漠然——大街上的大多數人都在跟著茫然無目的的人流，緩緩走過人生。

一九五三年，耶魯大學對畢業生進行了一次有關人生目標的調查。當被問及是否有清楚明確的目標以及達到目標的書面計畫時，結果只有百分之三的學生作了肯定的回答。二十年後，有關人員又對這些畢業多年的學生進行追蹤調查，結果發現，那些有達到目標書面計畫的百分之三的學生，在財務狀況上，遠高於其他百分之九十七的學生。

一個人做什麼事情都要有一個明確的目標，有了明確的目標便會有奮鬥的方向。這樣一個常識性的問題看起來簡單，其實具體到某一個人頭上，並非就是那麼回事。

目標，也就是既定的目的地，你理念中的終極點。目標並不是方向，一心想發大財的人只有方向，沒有目標，在他賺夠了金錢之後，就不知所措了。進行任何事業，都必須設定適當的目標。沒有目標，你只能糊裡糊塗往前走，就像沒有目標的戰爭，只能以清點屍首作為戰爭結束的標誌。

許多人懷著羨慕、嫉妒的心情看待那些取得成功的人，總認為他們取得成功的原因是有外力相助，於是感嘆自己的運氣不好。孰不知成功者取得成功的原因之一，就是由於確立了明確的目標。

一個人有了明確的奮鬥目標，也就產生了前進的動力。因而目標不僅是奮鬥的方向，更是一種對自己的鞭策。有了目標，就有了熱情，有了積極性，有了使命感和成就感。有明確目標的人，會感到自己心裡很踏實，生活得很充實，注意力也會神奇地集中起來，不再被許多繁雜的事所干擾，幹什麼事都顯得胸有成竹。

那麼，該怎麼制定合適的目標呢？拿破崙．希爾指出：一個好的目標必須具備下列幾項要求，缺一不可：

1、讓目標明確

有些人也有自己奮鬥的目標，但是他的目標是模糊的、泛泛的、不具體的，因而也是難以把握的，這樣的目標同沒有差不多。比如，一個人在青少年時期確定了要做一個科學家的目標，這樣的目標就不是很明確。因為科學的門類很多，究竟要做哪一個學科的科學家，確定目標的人並不是很清楚，因而也就難以把握。

目標不明確，行動起來也就有很大的盲目性，就有可能浪費時間和耽誤前程。生活中有不少人，有些甚至是相當出色的人，就是由於確立的目標不明確、不具體而一事無成。

2、避免不切實際的目標

一個人確立奮鬥的目標，一定要根據自己的實際情況來確定，要能夠發揮自己的長處。如果目標不切實際，與自己的自身條件相去甚遠，那就不可能達到。為一個不可能達到的目標而花費精力，同浪費生命沒有什麼兩樣。

3、目標不應經常變換

一個人確定的目標要專一，而不能經常變幻不定。確立目標之前需要做深入細緻的思考，要權衡各種利弊，考慮各種內外因素，從眾多可供選擇的目標中確立一個。一個人在某一個時期或一生中一般只能確立一個主要目標，目標過多會使人無所適從，應接不暇，忙於應付。

生活中有一些人之所以沒有什麼成就，原因之一就是經常確立目標，經常變換目標，所謂「常立志」者就是這樣一種人。

4、目標應是具體的

確定目標不能太寬泛，而應該確定在一個具體的點上。如同用放大鏡聚集陽光使一張紙燃燒，要把焦距對準紙片才能點燃。如果不停地移動放大鏡，或者對不準焦距，都不能使紙片燃燒。這也同建造一座大樓一樣，設計圖不能只是個大概樣子，或者含糊不清，而必須在面積、結構、樣式等方面都是特定和具體的。目標應該用具體的細節反映出來，否則就顯得過於籠統而無法付諸實行。

5、設立長期目標

一個人要取得巨大的成功，就要確立長期的目標，要有長期作戰的思想和心理準備。任何事物的發展都不是一帆風順的，世界上沒有一蹴而就的事情。

有了長期的目標，就不怕暫時的挫折，也不會因為前進中有困難就畏縮不前。許多事情，不是一朝一夕就能做到的，需要持之以恆的精神，必須付出時間和代價，甚至一生的努力。

6、遠大的目標

目標有大小之分，這裡講的主要是有重大價值的目標。只有遠大的目標，才會有崇高的意義，才能激起一個人心中的渴望。

專心致志的重要性

一位美國作家講述了這樣一個故事。

我第一次遇見賈金斯，是在好多年前，當時有人正要將一塊木板釘在樹上當擱板，賈金斯便走過去管閒事，說要幫他一把。

他說：「你應該先把木板頭鋸掉再釘上去。」於是，他還沒有鋸到兩三下，就又撒手了，說要把鋸子磨快些。

於是他又去找銼刀。接著又發現必須先在銼刀上安一個順手的手柄。於是，他又去灌木叢中尋找小樹，可砍樹又得先磨快斧頭。磨快斧頭需將磨石固定好，這又免不了要製作支撐磨石的木條。製作木條少不了木匠用的長凳，可這沒有一套齊全的工具是不行的。於是，賈金斯到村裡去找他所需要的工具，然而這一走，就再也不見他回來了。

賈金斯無論學什麼都是半途而廢。他曾經廢寢忘食地攻讀法語，但要真正掌握法語，必須首先對古法語有透澈的了解，而沒有對拉丁語的全面掌握和理解，要想學好古法語是絕不可能的。

賈金斯進而發現，掌握拉丁語的唯一途徑是學習梵文，因此便一頭撲進梵文的學習之中，可這就更加曠日廢時了。

賈金斯從未獲得過什麼學位，他所受過的教育也始終沒有用武之地。但他的先輩為他留下了一些財產。他拿出十萬美元投資一家煤氣廠，可造煤氣所需的煤炭價錢昂貴，這使他大為虧本。於是，他以九萬美元的售價把煤氣廠轉讓出去，開辦起煤礦來。可這又不走運，因為採礦機械的耗損大得嚇人；因此，賈金斯把在礦廠裡擁有的股份變賣成八萬美元，轉入了煤礦機器製造業。從那以後，他便像一個溜冰者，在有關的各種工業部門中滑進滑出，沒完沒了。

他戀愛過好幾次，雖然每一次都毫無結果。他對一位女孩一見鍾情，十分坦率地向她表露了心跡。為使自己匹配得上她，他開始在精神品德方面陶冶自己。他去一所星期日學校上了一個半月的課，但不久便自動逃遁了。兩年後，當他認為問心無愧、不妨開口求婚之日，那位女孩早已嫁給了別人。

不久他又如癡如醉地愛上了這位迷人的、有五個妹妹的女孩。可是，當他拜訪了女孩家時，卻喜歡上了二妹。不久又迷上了更小的妹妹。到最後一個也沒談成功。

賈金斯的情形每況愈下，越來越窮。他賣掉了最後一項營生的最後一份股份後，便用這筆錢買了一份逐年支取的終生年金，可是這樣一來，支取的金額將會逐年減少，因此他要是活的時間長了，早晚得挨餓。

與賈金斯的朝三暮四性格完全相反，羅威（Otto Loewi）則是一個非常專注於目標的人。羅威是美國的著名醫師及藥理學家，一九三六年榮獲諾貝爾生理學及醫學獎。

羅威一八七三年出生於德國法蘭克福的一個猶太人家庭。他從小喜歡藝術，繪畫和音樂都有一定的水準。但他的父母是猶太人，對猶太人深受各種歧視和迫害心有餘悸，不斷敦促兒子不要學習和從事那些涉及意識形態的行業，要他專攻一門科學技術。他的父母認為，學好數理化學，可以走遍天下都不怕。

在父母的教育下，羅威進入大學學習時，放棄了自己原來的愛好和專長，進入史特拉斯堡大學醫學院學習。

羅威是一位勤奮志堅的學生，他不怕從頭學起，他相信忍耐的作用，必定會成功。帶著這種心態，很快進入狀態，他專心致志於醫學課程的學習。

心態是行動的推進器，他在醫學院攻讀時，被導師的學識和專心鑽研精神所吸引。這位導師叫溫寧教授，是著名的內科醫生。羅威在這位教授的指導下，學業進展很快，並深深體會到醫學也大有施展才華的天地。

羅威從醫學院畢業後，他先後在歐洲及美國一些大學從事醫學專業研究，在藥理學方面取得較大進展。由於他在學術上的成就，奧地利的格拉茨大學於一九二一年聘請他為藥理教授，專門從事教學和研究。在那裡他開始了神經學的研究，透過青蛙迷走神經的試驗，第一次證明了某些神經合成的化學物質可將刺激從一個神經細胞傳至另一個細胞，又可將刺激從神經元傳到應答器官。他把這種化學物質稱為乙醯膽鹼。

一九二九年他又從動物組織分離出該物質。羅威對化學傳遞的研究成果是一個前所未有的突破，對藥理及醫學做出了重大貢獻，因此，一九三六年他與戴爾（Henry H. Dale）獲得了諾貝爾生理學及醫學獎。

羅威是猶太人，儘管他是傑出的教授和醫學家，但也如其他猶太人一樣，在德國遭受了納粹的迫害，當局逮捕他，並沒收了他的全部財產，被取消了德國籍。

後來，他逃脫了納粹的監察，輾轉到了美國，並加入了美國籍，受聘於紐約大學醫學院，開始了對糖尿病、腎上腺素的專門研究。羅威對每一項新的科學研究，都能專注如一，不久，他這幾個項目都獲得新的突破，特別是設計出檢測胰臟疾病的羅威氏檢驗法，對人類醫學又做出了重大貢獻。

羅威的成功說明，成功之本取決於人的心理特質、人生態度和才能資質。當然，僅靠這個「本」還不夠，必須兼具高遠志向和實現目標的堅強毅力。特別是忍耐的精神，更有助於成功。

讓目光膠著在目標之上

拳王穆罕默德．阿里（Muhammad Ali-Haj）在兩場比賽中失利。值得注意的是，他只在兩場比賽中用了「如果」這個詞。「如果這場比賽我輸了」——他所說的話含有一種預示，他已經為失敗做好了準備；從反面來看，他也「想像自己做到了」。

當我們的眼睛盯著目標的時候，我們實現目標的機會就非常大。無論這個目標是什麼，情況都是如此。

在過去航海的年代，曾經有一位第一次出海的年輕水手。當船在北大西洋遇上暴風雨的時候，他受命爬上高處去調整風帆使它適應風向。

在他向上爬的時候，他犯了個錯誤——低頭向下看。顛簸不定的輪船和波濤洶湧的海浪使他非常恐懼，他開始失去平衡。正在這時，一位有經驗的水手在下面向他大喊：「向上看！孩子，向上看！」這個年輕的水手按照他說的話做了以後又重新獲得了平衡。當情況看起來似乎很糟糕的時候，你應該看看你是否站錯了方向。當你面相陽光的時候，就不會看見陰影。向後看只會使你喪失信心，向前看才會使你充滿自信。當前景不太光明的時候，試著向上看，你一定會獲得成功。

我們若是只把目光放在眼前，那麼未來就難以掌握，我們若是想獲得長久的快樂，那麼就要忍受暫時的痛苦。大多數人在作決定時都只考慮眼前而不考慮未來，結果快樂沒得到卻得到痛苦。事實上，人世間一切有意義的事若想成功，那就必須忍受一時的痛苦。你必須熬過眼前的恐怖和引誘，按照自己的價值觀或標準把目光放在未來。本來任何事都不會使我們痛苦，而真正使我們痛苦的是對於痛苦的恐懼。

哲學家蒙田說：「若結果是痛苦的話，我會竭力避開眼前的快樂；若結果是快樂的話，我會百般忍耐暫時的痛苦。」把你的目光放遠些，沒有哪個人或企業是因為短視而成功的。

人生要想永遠快樂，必須做一項重要的決定，就是善用人生所給你的一切。如果你確實明白自己努力的目標、如果你真願意奮力去做、如果你知道什麼方法有效、如果你能適時調整做法並好好運用上天給你的天賦，那麼人生就沒有任何做不到的事。

本田宗一郎創辦本田汽車公司的事蹟，證明了這一點。

一九三八年本田先生還是一名學生時，就變賣了所有家當全心投入研究製造心目中所認為理想的汽車活塞環。他夜以繼日地工作，與油汙為伍。累了，倒頭就睡在工廠裡，他一心一意期望早日把產品裝造出來，以賣給豐田汽車公司。為了繼續這項工作，他甚至變賣妻子的首飾。最後，產品終於出來了，並送到豐田去，但是被認為品質不合格而打了回來。為了求取更多的知識，他重回學校苦修兩年，這期間，經常為了自己的設計而被老師或同學嘲笑，被認為不切實際。

他無視於這一切痛苦，仍然咬緊牙關朝目標前進，終於在兩年之後取得了豐田公司的購買合約，完成他長久以來的心願。此後一切並不一帆風順，他又碰上了新問題。當時因為日本政府發起第二次世界大戰，一切物資吃緊，禁賣水泥給他蓋工廠。

他是否就此放手了呢？沒有。他是否怨天尤人了呢？他是否認為美夢破碎了呢？一點都沒有——相反的，他決定另謀他途，和工作夥伴研究出新的水泥製造方法。建好了他們的工廠。戰爭期間，這座工廠遭到美國空軍兩次轟炸，毀掉了大部分的製造設備，本田先生是怎麼做的呢？他立即召集了一些工人，去撿拾美軍飛機所丟棄的汽油桶，作為本田工廠製造用的材料。

在此之後，他們又碰上了地震，夷平了整個工廠。這時，本田先生不得不把製造活塞環的技術賣給豐田公司。

本田先生實在是個了不起的人，他清楚地知道邁向成功該怎麼走，除了要有好的製造技術，還得對所做的事深具信心與毅力，不斷嘗試並多次調整方向，雖然目標還不見蹤影，但他始終不屈不撓。

第二次世界大戰結束後，日本遭遇嚴重的汽油短缺，本田先生根本無法開著車子出門買家裡所需的食物。在極度沮喪下，他不得不試著把馬達裝在腳踏車上。他知道如果成功，鄰居們一定會央求他給他們裝部摩托腳踏車。果不其然，他裝了一部又一部，直到手中的馬達都用光了。他想到，何不開一家工廠，專門生產所發明的摩托車？可惜的是他欠缺資金。

一如既往地，他決定無論如何要想出個辦法來，最後決定求助於日本全國一萬八千家腳踏車店。他給每一家腳踏車店用心寫了封言辭懇切的信，告訴他們如何藉著他發明的產品，在振興日本經濟上扮演一個角色。結果說服了其中的五千家，湊齊了所需的資金。然而當時他所生產的摩托車既大且笨重，只能賣給少數硬派的摩托車迷。

為了擴大市場，本田先生動手把摩托車改得更輕巧，一經推出便贏得滿堂彩，因而獲頒「天皇賞」。隨後他的摩托車又外銷到歐美，趕上了戰後的新潮消費者，於二十世紀七〇年代本田公司便開始生產汽車並獲得佳績。

今天，本田汽車公司在日本及美國共雇有員工超過十萬人，是日本最大的汽車製造公司之一，其在美國的銷售量僅次於豐田。

本田汽車之所以能夠有今天的輝煌，是因為本田先生深知，所作的決定或所採取的行動有時候只夠應付眼前的狀況，然而要想成功，就必須把眼光放遠。

成功和失敗都不是一夜造成的，而是一步一步積累的結果。決定給自己制定更高的追求目標、決定掌握自我而不受控於環境、決定把眼光放遠、決定採取何種行動、決定繼續堅持下去，這種種決定做得好你便能成功，做得不好你便會失敗。

要做長遠的打算還是短期的打算，這個決定跟你人生中作任何一個決定是同等重要的，如果你的決定不當，不僅使你蒙受金錢和名譽上的嚴重損失，同時也會賠上社會成本。這樣的蠢事讓人不敢恭維，我們一定要慎之又慎。

堅持向前的每一步

一位成功學家強調，目標對我們做每件事來說太重要了，他對年輕人說：「你不僅要有一個人生目標，你也應該有你的日常目標，那就是每天一個目標。」日常目標也許不是什麼宏圖大業，也不是高遠的志向，僅僅是一件平常的事情，我們今天一定要去完成它，這樣才能感到滿足和快樂。

你要不停地前進，盡力把每一件事情做好。退一步說，假如你還沒有目標，那就不妨繼續前進——自然會有目標與你並駕齊驅。你的方向感是永遠向前邁進的。

在一個課堂上，老師要同學們討論一個問題：「如果現在只給你們三分鐘，你們覺得能做些什麼呢？」

同學們開始在臺下喧鬧著討論，一開始總是不時傳來類似的聲音：「不可能啦。」「時間一下就過去了啊！」「我們現在討論就不止三分鐘了。」

隨著討論的結束，分組的同學們分別推派人上去報告。結果卻與討論時的內容大不相同，有的人說「三分鐘，我可以跑操場兩圈」，也有人說「三分鐘，我可以和女朋友說完一通電話」，還有人開玩笑地說「我可以利用這三分鐘上個廁所，然後買了麵包再翻牆出學校。」

其實，人總是會不自覺地朝負面去想，這總會阻礙了我們前進的可能。即便只是短短的三分鐘，但卻也是有著各式各樣的可能性存在。

德克薩斯州休士頓市兩位女士，說她們讀了一些成功書籍之後，便開始運用其中的原理和原則，使她們嘗試了以前連想也不敢想的計畫。

她們知道了做事的目標，於是她們開始實現自己的目標，因此，她們得以自由自在地去從事要做的事情。

寫一本兒童讀物；寫一個劇本；寫一部神祕小說；籌組了一個公司。想了兩個新的遊戲，準備投給雜誌社。

所有這一切，她們僅僅花了一年時間。「我們兩個都有全天上班的工作。」她們還說，「請不要叫我們慢慢來；我們在享受我們人生的樂趣……如果遭遇阻礙，我們會想辦法，辦法自會出來……。」

她們自己設定目標後，克服了一直使她們不能克服的實際障礙，也因而受到了鼓舞，感覺到向前邁進的力量；最後，他們運用創造力將成功變成了可能。

你也許不必像她們那樣設定那麼多的目標；也沒有她們那樣雄心勃勃，不過，你和她們一樣擁有成功潛力，你要把它發揮出來，而不要阻塞它。上天讓你生存於世上，並非叫你鬱鬱寡歡；上天給了你獲得成功的動力，你必須加以運用。

目標是人們穿過人生阻礙的成功。假如我們有困難，假如你遭遇了障礙，那只說明了你和大多數人一樣，需要控制前行的目標。海倫．凱勒（Helen Adams Keller）一生的故事應該是盡人皆知的，她克服了機能上的障礙，獲得了不可思議的成就。你也許不知道著名的護士南丁格爾（Florence Nightingale），她原先患了很重的憂鬱症，但她的慈善服務使她相信：她並不是在垂死之中。

只要我們相信自己的目標是正確的，而去做我們想要做的事情，我們的成就將會使我們自己感到驚奇。

擺脫潛意識中難纏的惰性

有位胖太太，每天都聽見她說要減肥。但是，她吃的分量比別人多，睡眠時間又比別人長；建議她做些家事，她說太辛苦；提醒她應該去運動，她嫌勞累；邀她一起到公園慢跑，她怕曬太陽，還怕流汗。

有一天，她站在磅秤上，低頭看見磅秤上指標停在七十公斤，大吃一驚。那天她狠下心，一整天只吃一點點東西，油鹽甜膩皆不敢入口。然後，馬上到體育用品店去，購買了全套的運動衣褲還有鞋襪，接著立刻像拚命般地又跑又跳。從第二天開始，她實行少吃多運動的生活習慣。

大家都以為這一次她肯定是減肥成功了。因為第三天，她仍然有決心地進行著她的計畫。一個星期過去，她充滿著信心，站上那個令她一看便心跳一百的磅秤，當她發現指標仍然固執地指著七十公斤時，她像充滿了氫氣的氣球被刺穿一個小針孔般，很快地塌下來了。她認為自己是上當了。她覺得自己不是沒嘗試過，也不是沒有努力過，但是卻沒有看到成績。她生氣了！失望透頂的她於是就放棄減肥了。她認定自己再也沒有指望恢復未婚前的苗條了。自第八天開始，絕望的她恢復以前的生活方式，大吃大喝、中午午睡，晚上早睡，運動衣褲則束之高閣。

類似這種一曝十寒的做法，不要說減肥，無論是進行任何事，都不會有成功的一天。不是說方法不對，而是行事的態度出了差錯。

一棵樹，其根扎得實實在在、穩穩當當的，風吹也好，雨打亦然，它都永久不會被摧毀。一個人把時間花在什麼地方，就會在那裡看到成績。這是非常簡單卻又實在的道理。但是，兩天打魚，三天曬網是不行的。唯有持之以恆，唯有堅忍才會讓人看見不同尋常的成就。

生活中有許多人做事最初都能保持旺盛的鬥志，在這個階段普通人與傑出的人是沒有多少差別的。然而往往到最後那一刻，頑強者與懈怠者便各自顯示出來了，前者咬牙堅持到勝利，後者則喪失信心放棄了努力，於是便得到了不同的結局。

要說成功有什麼祕訣的話，那就是堅持，堅持，再堅持！許多失敗者的悲劇，就在於被前進道路上的迷霧遮住了眼睛，他們不懂得忍耐一下，不懂得再跨前兩步就會豁然開朗，結果在勝利到來之前的那一刻，自己打敗了自己，因而也就喪失了他們應有的榮譽。

一個人想做成任何大事，都要能夠堅持，堅持下去才能取得成功。說起來，一個人做一點事並不難，難的是能夠持之以恆地做下去，直到最後成功。

許多人做什麼事，起初都能夠付諸行動，但是，隨著時間的推移、難度的增加以及力氣的耗費，大多數人便從思想上開始產生鬆勁和畏難情緒，接著便停滯不前以致退避三舍，最後放棄了努力。

人之所以在做什麼事時常常會淺嘗輒止、半途而廢，主要原因是人天生就有一種難以擺脫的惰性。當他在前進的道路上遇到障礙和挫折時，便會灰心喪氣和畏縮不前。

這也就像走路一樣，人總是願意走下坡路而厭惡走上坡路。走下坡路省力，於是人總是不由自主地選擇下坡路。這就是人之所以常常見了困難便繞著走的深層原因。朝最省力的方向想，或者喜歡走下坡路，對於走路來說並不要緊，然而對於做一件重大的事業來說，卻成為一種致命的缺陷，因為這樣一來，遠大的目標就不能達到了。

許多人之所以沒有收穫，主要原因就是在最需要下大力氣、花大工夫、毫不懈怠地堅持下去時，他卻停止了努力，省力倒是省力，成功卻從此與他無緣了。

平庸的人和傑出的人，其不同之處就是看能不能堅持。堅持下去就是勝利，半途而廢則前功盡棄。時代的巨人賈伯斯（Steve Jobs），在給史丹佛畢業生的演講中曾說：「蘋果公司開除我（一九八五年），是我人生中最好的經驗。從頭開始的輕鬆釋放了成功的沉重，讓我進入了這輩子最有創意的時代。」若當年的賈伯斯沒有被蘋果高層逼走，他就沒有機會痛定思痛，尋找他最愛的工作是什麼；他雖然被別人否定，但是仍舊愛這個工作，所以他沒有離開這個產業。他把失敗視為生命中的苦口良藥和尋找「真愛」的試煉。愈深的挫折反而讓他更看清真相，「每個人都有所愛，碰上了就知道，若還沒有碰上，千萬不要放棄，要非常非常努力地繼續去找」。如果當初他放棄了，那麼我們將看不到iPod、iPhone、iPad、《玩具總動員》、《怪獸電力公司》、《海底總動員》、《超人特攻隊》、《料理鼠王》……等改變世界的產品和電影，世界也許會因此失色不少。

一位成功學大師強調：「奮力前進，世界上沒有什麼可以取代堅持。才幹不行，有才幹的人不能獲得成功的事司空見慣；天賦不行，沒有得到回報的天賦幾乎只能成為笑柄；教育不行，世界上到處都是受過教育卻被社會拋棄的人。只有堅持和決斷才是全能的。」

培養等待的耐心

很久以前，為了開闢新的街道，倫敦拆除了許多陳舊的樓房。然而新的道路卻久久未能開工，舊樓房的廢墟任憑日曬雨淋。

有一天，一群自然科學家來到這裡，他們發現，在這一片多年未見天日的舊地基上，這些日子裡因為接觸了春天的陽光雨露，竟長出了一片野花野草。奇怪的是，其中有一些花草卻是在英國從來沒有見過的，它們通常只生長在地中海沿岸國家。這些被拆除的樓房，大多都是在古羅馬人沿著泰晤士河進攻英國的時候建造的。

這些花草的種子多半就是那個時候被帶到了這裡，它們被壓在沉重的石頭磚瓦之下，一年又一年，幾乎已經完全喪失了生存的機會。但令人感到意外的是，一旦它們見到陽光，就立刻恢復了勃勃生機，綻開了一朵朵美麗的鮮花。

其實，人的生命也是如此。一個人，不管他經受了多少打擊，也不管他經歷了多少苦難，只要他有耐心，有毅力，一旦愛的陽光照耀在他的身上，他便能治癒創傷，便能獲得希望，便能重新萌生出新的生機，哪怕是在荒涼惡劣的環境裡，也依然能夠放射出自己的光和熱。

奧格・曼狄諾（Augustine Og Mandino）喜歡講這樣一個故事：

賣花的老太太微笑著，又老又皺的臉上蕩著喜悅，衝動之下，我挑了一朵花。「今天早晨你看起來很高興。」我這麼對她說。

「為什麼不呢？一切都這麼美好。」這樣的話，居然由穿著破舊而且身體虛弱的她口中說出，令我吃了一驚。

「妳很能承擔煩惱吧。」我這麼猜著，卻聽到她說：「耶穌在星期五被釘在十字架上的時候，那是全世界最糟糕的一天，可是三天以後就是復活節，所以當我遇到麻煩時，就學會了等待三天。一切就恢復正常了。」然後她笑著道了聲再見。從此，我一碰到麻煩，那老太太的話便響在耳邊：「等待三天。」

富蘭克林（Benjamin Franklin）說：「有耐心的人無往而不利。」耐心需要特別的勇氣；對一個理想或目標全身心地投入，而且要不屈不撓，堅持到底。就像白朗寧（Robert Browning）所說：「有勇氣改變你能夠改變的，願意接受你無法改變的，並且明智地判斷你是否有能力改變。」因此，追求人生目標的決心愈堅定，你就愈有耐心克服阻礙。所謂的耐心，是指動態而非靜態，主動而不是被動，是一種主導命運的積極力量，而不是向環境屈服。這種力量在我們的內心源源不盡，但必須嚴格地控制及引導，以一種幾乎是不可思議的執著，投入既定的目標。

有了堅定的人生方向，可以提高我們對於挫折的忍受力。我們知道目標逐漸接近，這些只是暫時的耽擱。如果我們能夠積極地面對困難，問題就能迎刃而解。

耐心等待，等待機會，我們就能在意想不到中獲得成功。機會是一種稍縱即逝的東西，而且機會的產生也並非易事，因此不可能每個人什麼時候都有機會可抓。而機會還沒有來臨時，最好的辦法就是：等待、等待、再等待。在等待中為機會的到來做好準備。一旦機會在你面前出現，千萬別猶豫，抓住它，你就是成功者。

如何培養耐心？很簡單，只要你確定人生的目標，專注於你的目標，心裡充滿旺盛的企圖，那麼你所有的思想、行動及意念都會朝著那個方向前進。耐力是身體健康的一部分，不管發生了什麼情況，你必須具有堅持把工作完成到底的耐力。耐力是身體健康和精神飽滿的一種象徵，這也是你發展成為別人的領導者並贏得卓越的駕馭能力所必需的一種個人品質。

實際上，忍耐力是與勇氣緊密相關的，是當事態真正遇到困難時你所必備的一種堅持到底的能力，是需要跑上幾公里還得百米衝刺的能力。忍耐力也可以被認為是需要忍受疼痛、疲勞、艱苦，並體現在體力上和精神上的持久力。忍耐力是你在極其艱苦的精神和肉體的壓力下長期從事卓有成效的工作能力，忍耐力是需要你長時間付出的額外努力。

因為忍耐力對致富是那樣的重要，所以，為了發展你精神和肉體上的忍耐力，《獲取成功的精神因素》一書的作者克萊門特．斯通（W. Clement Stone）提出幾點指導原則以供借鑑：

不要沉湎於會降低你的身體和精神效率的活動。比如說吸菸過多，即便不能武斷地說會影響你的健康，至少也可以說會影響你呼吸系統的正常運行。科學研究證明吸菸的害處遠遠不只於呼吸系統。

飲酒過量也會降低你身體的忍耐力，會降低你清晰思考的能力，也會降低大腦發揮正常作用的能力，最終會導致體力和腦力的劇烈惡化，而且會越來越嚴重。幾乎沒有哪個喝酒過量的人會成為成功的管理人員或者贏得了高超的駕馭能力。事實上，有不少已經獲得了成功的人由於嗜酒成癖，最後反受其害，從他們占據的很高的領導職位或負責人地位上跌落下來。

當你身體的忍耐力、你的健康，乃至你的生活都失去常態的時候，你的大腦就不可能進行正常的思維和發揮正常的作用，不管這種失常是由於飲酒、吸毒，或者是由其他一些原因造成的。

你不妨嘗試一下，看看在你覺得身體不適之時，或者說喝了酒之後，能否做出一個正確而又及時的決策。

培養體育鍛鍊的習慣有助於增強你的體質。對於一個成天忙於怎樣賺錢的人，進行體育運動，似乎是最合適不過的了。不管是什麼類型的體育鍛鍊，只要你能持之以恆，都會增強你的體質，而且運用超負荷的原則還可以增加你的忍耐力。

超負荷的原則早已被實踐所證明，肌肉的發達與改善是根據你增加給肌肉的壓力需要而定的，如果我們期望不斷地改善，隨著能力的不斷增加，給肌肉的這種壓力需要也必須不斷地增加。學會一種自己一個人能玩，到了老年時也能享受其樂趣的運動項目。壘球、網球、排球，雖然是很好的運動項目，但一個人沒法玩，年紀大了也不便玩。可是，高爾夫球、保齡球、打獵、釣魚，卻是一些既能與其他人共同享受，又能自己單獨享受的運動項目，健康的體魄是你謀取財富的第一個物質基礎。

透過不斷強迫你自己去做一些緊張的腦力勞動來考驗我們的精神忍耐力。有時，當你疲勞至極，而且你的精力也已到了殆盡的地步時，你還要強迫自己工作，這是唯一一條學會在極大壓力下還能繼續進行工作的方法。學會這個也得運用超負荷的原則。

以我們最佳的體力和智力狀態完成各項工作。這通常是對你的忍耐力最好的考驗，這也是保持勇氣、保持耐力的一種方法。

人生沒有死胡同

邁克的奮鬥事蹟照亮了許多人的人生之路，成為整個美國社會所景仰的英雄。邁克・蘭頓（Michael Landon）生長在不正常的家庭裡，父親是個猶太人（十分排斥天主教徒），而母親卻偏偏是個天主教徒（卻又十分排斥猶太人）。

在他小的時候，母親經常鬧著要自殺，當遇到不順心的事時，便抓起掛衣架追著他毒打。就因為生活在這樣的環境裡，所以他自幼就有些畏縮和身體瘦弱。然而日後當他在那部叫座的電影影片——《草原上的小屋》（Little House on the Prairie）中卻扮演了那個英格斯家庭的一家之主，堅毅而充滿自信的性格給大家留下了深刻的印象。邁克的人生為什麼會有這樣的改變呢？

在他讀高中一年級時，有一天，體育老師在操場教他們如何擲標槍，而這一次的經驗就此改變了他後來的人生。在此之前，不管他做什麼事都是畏畏縮縮的，對自己一點自信都沒有，可是那天奇蹟出現了，他奮力一擲，只見標槍越過了其他同學的紀錄，多出足足有十公尺。就在那一刻，邁克知道了自己的前途大有可為。

在其日後接受《生活》雜誌的採訪時，他回想道：「就在那一天，我才突然發現，原來我也有能比其他人做得更好的地方，我當時便請求體育老師借給我這支標槍，在那年整個夏天裡，我就在運動場上擲個不停。」

邁克發現了使他振奮的未來，而他也全力以赴，結果有了驚人的成績。那年暑假結束返校後，他的體格已有了很大的改變，而在隨後的一年中他特別加強訓練，使自己的體能不斷地往上提升。在高三時參加的一次比賽中，他擲出了全美國中學生最好的標槍記錄，因而也讓他贏得南加大的體育獎學金。

故事到此尚未結束，邁克之所以有如此神奇的臂力，就在於一部電影帶給他的影響，他相信他的頭髮也跟《聖經》中那位大力士一樣是力量的泉源——頭髮留得越長他的臂力就越強。這個想法在他念高中時可能行得通——可是二十世紀五〇年代時流行小平頭的南加大卻不吃這一套，有一次他硬是被其他運動員動粗，剪掉了滿頭他認為是獅子力量來源的頭髮。

雖然從此他不再成為校園中被指指點點的人物，可是先前的力量卻也隨著他對頭髮的信念而消失了，再擲時的成績足足比以前少了十公尺以上。為了迎頭趕上，他鍛鍊過度而嚴重受傷，經檢查證實得永久退出田徑場，這也使他因此失去了體育獎學金。為了生計，他不得不到一家工廠去擔任卸貨工人，他的夢似乎就此完了，永遠無法成為一位國際矚目的田徑明星。

不知道是不是幸運之神的眷顧，有一天他被好萊塢的星探發現，問他是否願意在即將拍攝的一部電影影片——《鴻運當頭》中擔任配角。

當時這部影片是美國電影史上所拍第一部彩色西部片，邁克應允加入演出後從此就沒有回頭，先是演員，然後演而優則導，最後成為製片，他的人生事業就此一路展開。

一個美夢的破滅往往是另一個未來的開始。邁克原先有個在田徑場上發展的目標，而這個目標引導著他鍛鍊強健的體格，後來的打擊卻又磨練了他的性格，不料這兩種訓練卻成了他另外一個事業所需的特長，使他有了更耀眼的人生。

「堅持」要用在值得的方向

在人生旅途中，有許多滿懷雄心壯志，做成大事的人毅力都很堅強，但是由於他們不會進行新的嘗試，因而無法成功。我們應該堅持我們的目標，不要猶豫不前，但也不能太生硬，不知變通。如果我們確實感到行不通的話，就嘗試另一種方式吧。

諾貝爾獎得主萊納斯・波林（Linus Carl Pauling）說：「一個好的研究者知道應該發揮哪些構想，而哪些構想應該丟棄，否則，會浪費很多時間在差勁的構想上。」有些事情，我們雖然盡了很大的努力，但我們遲早會發現自己處於一個進退兩難的地位，你所走的研究路線也許只是一條死路。這時候，最明智的辦法就是抽身退出，去研究別的項目，尋找成功的機會。

在人生的每一個關鍵時刻，要審慎地運用智慧，做最正確的判斷，選擇正確方向，同時別忘了及時檢視選擇的角度，適時調整。放掉無謂的固執，冷靜地用開放的心胸做正確抉擇，每次正確無誤的抉擇將指引你走在通往成功的坦途上。

當你確定了目標以後，下一步便是鑑定自己的目標，或者說鑑定自己所希望達到的領域。如果你決心做一下改變，就必須考慮到改變後是什麼樣子；如果你決定解決某一問題，就必須考慮到解決中可能遇到的困難是什麼。

當描述了理想的目標以後，你必須研究一下達到該目標所需的時間、財力、人力的花費是多少，你的選擇、途徑和方法只有經過檢驗，方能估量出目標的現實性。你或許會發現自己的目標是可行的。否則，你就要量力而為，修改自己的目標。

那些百折不撓、牢牢掌握住目標的人，都已經具備了成功的要素。有一些建議一旦和人們的毅力相結合，我們期望的結果便更易於獲得。告訴自己「總會有別的辦法可以辦到。」

每年有幾千家新公司獲准成立，可是五年以後，只有一小部分仍然繼續營運。那些半路退出的人會這麼說：「競爭實在是太激烈了，只好退出為妙。」其實，問題的關鍵在於他們遭遇障礙時，只想到失敗，因此才會失敗。

我們如果認為困難無法解決，就會真的找不到出路，因此一定要拒絕無能為力的想法。先停下，然後再重新開始。我們時常鑽進牛角尖而不知自拔，因而看不出新的解決方法。成功者的祕訣是隨時檢視自己的選擇是否有偏差，合理地調整目標，放棄無謂的固執，輕鬆地走向成功。

兩個貧苦的樵夫靠著上山撿木柴糊口，有一天在山裡發現兩大包棉花，兩人喜出望外，棉花價格高過木柴價數倍，將這兩包棉花賣掉，足可使家人一個月衣食無憂。當下兩人各自背了一包棉花，便欲趕路回家。走著走著，其中一名樵夫眼尖，看到山路上扔著一大捆布，走近細看，竟是上等的細麻布，足足有十多匹之多。他欣喜之餘，和同伴商量，一同放下背著的棉花，改背麻布回家。但他的同伴卻有不同的看法，認為自己背著棉花已走了一大段路，到了這裡丟下棉花，豈不枉費自己先前的辛苦，堅持不願換麻布。先前發現麻布的樵夫屢勸同伴不聽，只得自己竭盡所能地背起麻布，繼續前行。

又走了一段路後，背麻布的樵夫望見林中閃閃發光，待近前一看，地上竟然散落著數壇黃金，心想這下真的發財了，趕忙邀同伴放下肩頭的棉花，改用挑木柴的扁擔挑黃金。

他的同伴仍是那套不願丟下棉花，以免枉費辛苦的論調，並且懷疑那些黃金不是真的，勸他不要白費力氣，免得到頭來空歡喜一場。

發現黃金的樵夫只好自己挑了兩壇黃金，和背棉花的夥伴一同趕路回家。兩人走到山下時，無緣無故下了一場大雨，兩人在空曠處被淋了個濕透。更不幸的是，背棉花的樵夫背上的棉花，吸飽了雨水，重得已無法背動，那樵夫不得已，只能丟下一路辛苦捨不得放棄的棉花，空著手和挑黃金的同伴回家。

有人認為：如果沒有成功的希望，而去屢屢試驗是愚蠢的、毫無益處的。有的人失敗，不是因為沒有本事，而是定錯了目標。成功者為避免失敗，會時刻檢查目標是否合乎實際。

堅持是一種良好的品性，但在有些事上，過度的堅持，會導致更大的浪費。

何必執著在不值得的地方

班傑明．富蘭克林說：「世界上有兩種人，他們的健康、財富以及生活上的各種享受大致相同，結果，一種人是幸福的，而另一種卻得不到幸福。他們對物、對人和對事的觀點不同，那些觀點對於他們心靈上的影響因此也不同，苦樂的分界也就在於此。」

一個人無論處於什麼地位，遭遇總是有順利和不順利；無論在什麼交際場合，所接觸到的人物和談吐，總有討人喜歡的和不討人喜歡的；無論在什麼地方的餐桌上，酒肉的味道總是有可口的和不可口的，菜餚也是煮得有好有壞；無論在什麼地帶，天氣總是有晴有雨。

天才所寫的詩文有美點，但也總可以找到若干瑕疵；差不多每一個人的臉上，總可找到優點和缺陷；差不多每一個人都有他的長處和短處。樂觀的人所注意的是順利的際遇、談話之中有趣的部分、精製的佳餚、美味的好酒、晴朗的天氣等，同時盡情享樂；悲觀的人所想的和所談的卻只是壞的一面，因此他們永遠感到快快不樂，他們的言論在社交場所既大殺風景，有的還得罪許多人，以致他們到處和別人格格不入。如果這種性情是天生的，對這些快快不樂的人倒是應該憐憫。但是那種吹毛求疵令人厭惡的脾氣，也許根本從模仿而來，於不知不覺中養成了習慣。

假如悲觀的人能夠知道他們的惡習對於他們一生幸福有如何不良的影響，那麼即使惡習已經到了根深蒂固的程度，也還是可以矯正的。悲觀是一種惡習，實際上雖然只是一種態度，一種心理行為，但是它卻能造成終生的嚴重後果，帶來真正的悲哀與不幸。他們得罪了大家，誰也不喜歡他們，至多以極平常的禮貌和敬意跟他們敷衍，有時甚至連極平常的禮貌和敬意都談不上。他們常常因此很氣憤，引起種種爭執。

如果這些人不願矯正惡習，不肯遷就，不喜歡一切別人認為可愛的東西，而總是怨天尤人，自尋煩惱，那麼大家就會避免與之交往。因為這種人總是難以和人相處，一旦你發覺自己被牽扯在他們的爭吵中時，你將會感到極大的煩惱與痛苦。

當生活中發生了什麼問題，要把主要想法放在尋求解決問題的辦法上，也就是所要的結果上，千萬別把心思放在讓你害怕的方向上。想來可笑，若一部電影很爛，不知道你會不會一再去看？我相信絕不會，可是為什麼你卻經常在自己的心裡放映這種爛片呢？當你一這麼做，很容易就會使自己掉進窩囊的感覺裡，無怪乎我們得特別留意自己所關注的事情上。就算是情況真的很糟，我們也必須把目光放在自己能做、能掌握的部分上，這樣才能鼓起你繼續做下去的勇氣。

如果你想讓心情馬上好起來，那也很容易，只要把想法放在曾經使你快樂的事情上，不管是跟你的家人、朋友或任何人都行。你也可以把注意力放在未來的美夢上，提早感受你將來成功時的興奮與快樂，那可以帶給你拿出行動去付諸實現的幹勁。

假設你去參加一個宴會，隨身帶了一臺攝影機。整個晚上，若是你把鏡頭一直對向大廳左側一對在爭吵的夫妻身上，是不是連帶著自己的心情也不快了呢？就由於你一直看著他們的爭吵，從而心裡便興起這樣的念頭：「真是糟糕的一對，好好的宴會都被破壞了。」

然而，要是你整個晚上都把目光放在大廳的右側口裡圍坐著一群高聲談笑的來賓，這時若有人過來與你攀談你對這場宴會的感覺，相信你一定會這麼說：「噢，這場宴會真是棒極了！」

據說，耶穌在講經時，曾做過這樣一個比喻：「如果一個人有一百隻羊，其中一隻迷失了路，他會把那九十九隻留在山上，而去尋找那只迷失了路的羊嗎？如果他幸運找著了，我實在告訴你們：他為這一隻，比為那九十九隻沒有迷路的，更覺歡喜……。」

富蘭克林說：「我們的一生有太多地方可以去注意的，隨便你怎麼去看，但為何偏偏就是有那麼多人只看消極而無法控制的那一面呢？」

人們常說，才華和性格對於一個人的成功有決定性的影響。確實，一個善於寬容、體諒他人的人，一個心地善良、心氣平和的人，一個具有克制力和忍耐心的人，總能找到生活中的幸福，或者說，一個人的幸福大都取決於這些善良、寬容和體貼人的品格。正如柏拉圖所說的，使別人幸福的人他自己也一定能得到幸福。

性格對於一個人的生活有著極為重要的影響。性格好的人總能看到生活中好的東西。對於這種人來說，根本就不存在什麼令人傷心欲絕的痛苦，因為他們即便在災難和痛苦之中也能找到心靈的慰藉，正如在最黑暗的天空中心靈總能或多或少地看見一絲亮光一樣。

儘管天上看不到太陽，重重烏雲布滿了天空，但他們還是知道太陽仍在烏雲上，太陽的光線終究會照到大地上來。這種使人愉悅的性格不會遭人妒忌。具有這種性格的人，他們的眼裡總是閃爍著愉快的光芒，他們總顯得歡快、達觀、朝氣蓬勃。他們的心中總是充滿陽光。當然，他們也會有精神痛苦、心煩意亂的時候，但他們不同於別人的就是他們總是愉快地接受這種痛苦，沒有抱怨，沒有憂傷，更不會為此而浪費自己寶貴的精力，而是拾起生命道路上的花朵，奮勇前行。

儘管愉快的性格主要是天生的，但正如其他生活習慣一樣，這種性格也可以通過訓練和培養來獲得或得到加強。我們每個人都可能充分地享受生活，也可能根本就無法懂得生活的樂趣，這在很大程度上取決於我們從生活中提煉出來的是快樂還是痛苦；我們究竟是經常看到生活中光明的一面還是黑暗的一面，這在很大程度上決定著我們對生活的態度。

任何人的生活都是兩面的，問題在於我們自己怎樣去審視生活。我們完全可以運用自己的意志力來做出正確的選擇，養成樂觀、快樂的性格。樂觀、豁達的性格有助於我們看到生活中光明的一面，即使在最黑暗的時候也能看到光明。

聰明的人往往是處在一些煩惱的環境中，而且自己能夠尋找快樂。因煩惱本身是一種對已成事實的盲目、無用的怨恨和抱憾，除了給自己心靈一種自我折磨外，沒有任何的積極意義。

因此，當受到煩惱情緒襲擾的時候，就應當問一問自己為什麼會煩惱，從內在素質方面找一找煩惱的原因，學會從心理上去適應你周圍的環境。

無論你身處何境都是自己的選擇

幾年前的一天深夜，金拉克從阿拉巴馬的伯明罕（Birmingham）驅車前往密西西比的梅瑞迪恩（Meridian）。第二天一早，他必須趕到梅瑞迪恩。由於路未修好，金拉克只好把車開進服務站求助。值班者告訴他一條最佳路線並給他畫了張草圖。值班者說，只要按他說的走，就確保能提前到達梅瑞迪恩。

金拉克完全按他的指點開車，但一小時後，金拉克發現離梅瑞迪恩比他問路時遠了四十五英里。很顯然，這是有人給他指錯了方向。

是不是有類似的事情在你身上也發生過？如果我們自己身無分文，灰心喪氣，我們自己在家庭和事業上都很不順心，相信這肯定不是我們自己願意的。也許正是有人給我們指錯了路，對我們起了消極影響而感到沮喪。

美國某南方城市過去的垃圾場上矗立起了一座富麗堂皇的購物中心。一個多世紀以前，誰也看不出那除了能作垃圾場還能幹什麼。然而大約三十年前一些有遠見卓識的市民看出那兒能建成一個美麗的購物中心。他們立刻停止在那裡傾倒垃圾，並開始清掃過去的垃圾，直到把這塊地方整為平地，在上面建成一個宏大的購物中心。

在許多時候，我們的頭腦中也堆放著一些思想垃圾，但這並沒什麼可怕的，只要我們能清除它，從頭開始，我們就能重獲新生。過去的已經過去，現在你正在為燦爛的明天打基礎。正如一位哲人所說：「無論你身處何境都是自己的選擇。」

大多數人為什麼不成功？應該仔細思考這個問題。許多人都曾經想過它，得到的結論幾乎相同：「條件有限。」

因為條件限制，許多人就這樣認定自己難以改善命運。內心的消極情緒占了上風，自己選擇了失敗的宿命。他們總認為自己只要有足夠的資金，就可以做得和別人一樣好。這可能是事實，但是，他們本應該積極地去爭取這些足夠的資金。

審視一下你的家庭也許是有益的，家庭中有沒有成功者？如果有，他就是榜樣，他不會比你的起點更好。如果沒有，其根本原因往往在於：這個家庭從來沒有人產生過追求成功的願望，沒有真正努力過。

縱觀歷史上眾多的成功者，我們就會發現，許多人比我們起步的條件更糟，但他們成功了。原因是他們有成功的願望。林肯（Abraham Lincoln）認為：「一個人決定實現某種幸福，他就一定會得到這種幸福。」也就是說：成功的條件只有一個，它就是：希望成功，並始終相信自己會成功，永遠不停止地去努力奮鬥！

逆境也是一種助力

在現實生活中，逆境與憂苦，都能將我們的心靈引爆。在那個炸開的裂縫中，會有豐盛的經驗、新鮮的歡愉，不停地噴射出來！一個著名的科學家說：當我遭遇到一個似乎不可超越的難題時，就知道自己快要有新的發現了。

大無畏的人，愈為環境所迫，愈加奮勇，不戰慄，不逡巡，胸膛直挺，意志堅定，敢於對付任何困難，輕視任何厄運，嘲笑任何逆境。因為憂患、困苦不足以損他一毫一厘，反而足以加強他的意志、力量與品格，使他成為了不起的人物。有許多人一生的偉大，來自他們所經歷的困難。精良的斧頭、鋒利的斧刃是從爐火的鍛鍊與磨練中得來的。很多人，具備大有作為的資質，由於一生中沒有同逆境搏鬥的機會，沒有充分的困難磨練，足以刺激起其內在的潛伏能力的發動，而終生默默無聞。

逆境不是我們的仇敵，其實是恩人。森林中的大樹，若不是與不同暴風驟雨搏過千百回，樹幹不會長得十分結實。人不遭遇種種逆境，他的人格、本領，也不會長得結實的。一切的磨難、憂苦與悲哀，都是足以助長我們、鍛鍊我們的。

在克里米亞戰役的一次戰事中，一顆炮彈把戰區中一座美麗的花園炸毀。但在那個被炮火所炸開的泥縫中，卻忽然發現一道泉水在噴射。從此以後，這兒就成了一個永久不息的噴泉。

有許多人不到窮困潦倒不會發現他自己的力量。災禍的折磨足以助我們發現自己的能量和價值。困苦、逆境，仿佛是將他的生命煉成「美好」的鐵錘與斧頭。唯有逆境、困難，才能使一個人變得堅強、變得無敵。

初出茅廬的作家，把書稿送入出版社，往往會受到退稿的回覆，但卻因此造就了許多著名的作家。

逆境是足以喚起一個人的熱情，激發一個人的潛力而使他達到成功的。有本領、有骨氣的人，能將失敗變為成功，像蚌殼般能將煩惱它的沙礫化成珠子一樣。鷙鳥一旦毛羽生成，母鳥會將牠們逐出巢外，讓牠們做空中飛翔的練習。那種經驗，使牠們能於日後成為禽鳥中的君主和覓食的能手。凡是環境不順利，到處被摒棄、被排斥的青年，往往日後會有出息，而那些從小就環境順利的人，卻常常「苗而不秀，秀而不實」！

貧窮、痛苦不是永久不可超越的障礙，反而是心靈的刺激品，可以鍛鍊我們的身心，使得我們身心更堅毅、更強固。鑽石愈硬，則它的光彩愈耀眼；要將其光彩顯出來時所需的摩擦也愈多。只有摩擦，才能使鑽石顯示出它全部的美麗。火石不經摩擦，火花不會發出；人不遇刺激，生命火焰不會燃燒。

賽凡提斯（Miguel de Cervantes Saavedra）寫他的《唐．吉訶德》是在他困處在馬瑞德獄中的時候。那時他貧困不堪，甚至無錢買紙，在將完稿時，把皮革當做紙張。有人勸一位西班牙成功人士去接濟他，那位成功人士回答說：「上天不允許我去接濟他的生活，因為唯有他的貧困，才能使得世界豐富！」

監獄往往能喚起高貴的人心中已經熄滅的火焰。《魯濱遜漂流記》是在獄中寫成的，《天路歷程》是在彼特福特監獄中寫成的。拉萊在他十三年的幽囚生活中，寫成了他的《世界歷史》。路德（Martin Luther）幽囚在瓦特堡的時候，把《聖經》譯成了德文。大詩人但丁（Dante Alighieri）被判死刑，而過著流亡的生活達二十年，他的作品就是在這個時期完成的。

有史以來，被壓迫、被驅趕，簡直是猶太人註定的命運。然而猶太人卻產生過許多最可貴的詩歌、最巧妙的諺語、最華美的音樂。對於他們，「迫害」仿佛總是同「逆境」攜手而來的。猶太人很富裕，許多國家的經濟命脈，幾乎都是掌握在猶太人手中。對於他們，「困苦如春日的早晨，雖帶霜寒，但已有暖意；天氣的冷，足以殺掉土中的害蟲，但仍能容許植物的生長！」

過去，成功人士常被人視為天才，或是說他們有奇遇。但在現實世界中自詡的天才，往往是聰明反被聰明誤，不然就是禁不起逆境的考驗，導致他們自己一蹶不振。擁有財富並非出於天才，只是執著而已。擁有財富與逆境常是一體之兩面，成功人士也是面對逆境最多的人。

人生中兩個重要的事實特別顯著。一是在人生複雜多變的情況裡，不可避免地會遭遇失敗，可能只是方式不同，時間不同；二是每一個挫折都附帶著具有等值的好處。

首先，對待挫折的正確態度，是「拒絕接受有長期挫折可能」的態度。維持這種態度的最好方式在於，充分發展自己的意志力，將挫折看成挑戰和考驗。這個挑戰，應該被接受為一項刻意傳達的資訊，必須適度修正自己的計畫。看待挫折就好像看待病痛一般。顯然，肉體上的病痛是大自然通知個人的一種方式，說明有些事情需要加以注意及矯正。病痛可能是福氣，而非禍因。同理，當人遭遇挫折時所經歷的心理痛苦，或許會帶來不舒服的感受，然而，卻是有益的。因為，它是一項阻止個人繼續走上歧途的資訊。

剛毅和懦弱之間沒有鴻溝

在生活中的不幸面前，有沒有堅強剛毅的性格，在某種意義上說，也是區別偉人與庸人的標誌之一。巴爾扎克（Honoré de Balzac）說：「苦難對於一個天才是一塊墊腳石，對於能幹的人是一筆財富，而對於庸人卻是一個萬丈深淵。」有的人在厄運和不幸面前，不屈服，不後退，不動搖，頑強地同命運抗爭，因而在重重困難中衝開一條通向勝利的路，成了征服困難的英雄，掌握自己命運的主人。而有的人在生活的挫折和打擊面前，垂頭喪氣，自暴自棄，喪失了繼續前進的勇氣和信心，於是成了庸人和懦夫。

培根（Francis Bacon）說：「好的運氣令人羨慕，而戰勝厄運則更令人驚嘆。」生活中，人們對於那些衝破困難和阻力、經受重大挫折和打擊而堅持到底的人，其敬佩程度是遠在生活的幸運兒之上的。征服的困難愈大，取得的成就愈不容易，就愈能說明我們才是真正的英雄。當接連不斷的失敗使愛迪生的助手們幾乎完全失去發明電燈的熱情時，愛迪生卻靠著堅忍不拔的意志，排除來自各方面的精神壓力，經過無數次實驗，終於為人類帶來了光明。在這裡，愛迪生的超人之處，正在於他對挫折和失敗表現出了超人的頑強精神。

古羅馬哲學家塞內卡（Lucius Annaeus Seneca）有句名言：「真正的偉人，是像神一樣無所畏懼的凡人。」誰能以不屈的精神對待生活中的不幸，誰就能最終克服不幸。在不幸事件面前愈是堅強，愈能減輕不幸事件的打擊。

貝多芬（Ludovicus van Beethoven）以他那孤獨痛苦、然而又是熱烈追求的一生，給世界留下一句名言：「用痛苦換來歡樂。」它曾經鼓舞無數人奮起和自己的不幸進行鬥爭。一個人只要能在任何情況下都勇敢地面對人生，無論遭遇到什麼，依然保持生活的勇氣，保持不屈的奮鬥精神，他就是生活中的強者，一個真正剛強的人；相反，有些人之所以在失戀、失學、疾病，或工作中的挫折、失敗，或其他生活不幸事件的打擊面前一蹶不振，精神崩潰，弄到十分可憐的地步，原因之一就在於缺乏堅強剛毅的性格。

沒有一個人生來剛毅，也沒有一個人不可能培養出剛毅的性格。我們不要神化強者，以為自己成不了那種鋼鐵般堅強的人。其實，普通人所有的猶豫、顧慮、擔憂、動搖、失望等，在一個強者的內心世界也都可能出現。伽利略（Galileo Galilei）屈服過，哥白尼（Nicolas Copernicus）動搖過，奧斯特洛夫斯基（Nikolai Alexeevich Ostrovsky）想過自殺，但這並不排除他們是堅強剛毅的人。

剛毅的性格和懦弱的性格之間並沒有千里鴻溝，剛毅的人不是沒有軟弱，只是他們能夠戰勝自己的軟弱。只要加強鍛鍊，從多方面對軟弱進行爭鬥，那就可能成為堅強剛毅的人。如果我們想培養自己承受悲慘命運的能力，我們可以在自己的生活中堅持這樣做，這些方法相當管用。

1、面對挫折也要堅持下去

局面越是棘手，越要努力嘗試。過早地放棄努力，只會增加你的麻煩。面臨嚴重的挫折，只有堅持下去，加倍努力和增快前進的步伐，下定決心堅持到底，並一直堅持到把事情辦成。

2、事前不要低估所有風險

要現實地估計自己面臨的危機，否則，去改變局面時，就會感到準備不足。

3、用盡全力去嘗試

不要畏縮不前，要使出自己全部的力量來，不要擔心把精力用盡。成功者總是做出極大的努力，而面對危機時，他們卻能做出更大的努力。他們不去考慮什麼疲勞啦、筋疲力盡等之類的「可能」未來式。

4、堅定立場

一旦你下定決心要突然衝向前去，要像服從自己的理智一樣去服從自己的直覺。頂住家人和朋友的壓力，採取你所堅信的觀點，堅持自己的立場。是對是錯，現在就該相信你自己的判斷力和智慧了。

5、不要貪快

當經歷了一次嚴重的危機或像親人去世這樣的嚴重事件之後，在你的情緒完全恢復以前，要滿足於每次只邁出一小步。不要企圖當個超人，一下子解決自己所有的問題。要挑一件力所能及的事，就幹這麼一件。而每一次對成功的體驗都會增強你的力量和積極的觀念。

6、努力不懈地嘗試

克服危機的方法不是輕易就能找到的。然而，如果你堅持不懈地尋求新的出路，願意在成功的可能性很低情況下去嘗試，你就能找到出路。要保持自己頭腦的清醒，睜大眼睛去尋找那些在危機或困境中可能存在的機會。與其專注於災難的深重，莫若努力去尋求一線希望和可取的積極之路。即便是在混亂與災難中，也可能形成你獨到的見解，它將把你引導到一個值得一試的新的冒險之中。

做好失敗的心理準備才有緩衝餘地

懷特和吉姆是同時進入一家公司的，懷特繼吉姆升任部門主管後，不久也被提升為部門主管。但懷特在不久後再次被提升為經理助理，而吉姆在調動過幾個部門後，仍然擔任部門主管。懷特的提升對他打擊很大，他感覺自己沒被重用，認為自己失敗了。於是，他不求創新，不求突破，不求有功但求無過，這樣一來，結果被評價為沒有上進心，經不起考驗的人，與懷特的差距越來越大。

面對挫折，自認為失敗才是澈底的失敗。在競爭中，造成失敗的因素是多方面的：

一、積極地工作，但因情況不斷變化未能適應而失誤。

二、故步自封，穩步慢行，被別人追趕上來而失敗。

三、害怕挑戰，害怕犯錯，不戰而敗。

四、摸著石頭過河，偶然失足。

人無完人，金無足赤，偶然的失誤和失敗是難免的，因此你要有失敗的心理準備，能夠承受失敗的打擊。但又不能以此來原諒自己，放鬆自己，而要吸取失敗教訓，繼續前行，勇於競爭。要提高你的忍耐能力，我們才能走向成功。記得：

一、適者生存，適者發展。
二、生命力衰退的早期徵兆，就是適應能力的減弱。
三、求大同、存小異，並不是毫無原則地左右奉承。
四、想要成功，必須得到他人的支持，也要支持他人。越是困難的地方越是要去，勝利就在於堅持。
五、具有忍耐能力，可使你有足夠的時間去完成工作。
六、失敗能否成為成功之母，在於你的振作和努力。
七、朝氣是積極工作的維生素。
八、人有毅力萬事成，人無毅力萬事休，成功的全部祕訣在於：不屈不撓，堅持到底。
有所追求的人不可避免地會遇到各種困難和打擊，在逆境中，我們要培養出不怕困難、戰勝困難的精神，堅強的意志也就能在困境中練就。困境可以檢驗一個人的品質。如果一個人敢於直面困境積極主動尋求解決問題的辦法，那麼他或遲或早，總會成功。如果一個人被困難嚇倒，灰心喪氣，無所作為，那麼即使困境局面消除，他也不會走出失敗的陰影。
兩度獲得諾貝爾獎的偉大科學家居里夫人（Marie Curie）曾說：「我們的生活都不容易，但那有什麼關係？我們必須有恆心，尤其要有自信力。我們必須相信我們的天賦是要用來做某種事情的，無論代價多麼大，這種事情必須做到。」

是的，居里夫人的成功，除了她的天才以外，就在於她的忍耐。如果沒有這一點，那麼從數噸廢礦渣中提取零點一二克氯化鐳簡直是難以想像的。

在一年夏季世界游泳比賽運動會上，美國奇人珍妮・湯普森（Jennifer Beth Thompson）帶著嚴重臂傷獲得兩面金牌。消息傳出，的確令人嘆服。湯普森五月底摔斷了左臂，六月初做了手術，共縫合了一百多針，手臂用七枚釘子和鈦板固定著。她手術後十天就重返游泳池訓練。在一九四九年以前，她打破了保持五十九年之久的一百公尺自由式世界紀錄。她說本賽季的目標之一，就是打破世界紀錄。最後，她雖沒有打破她自己創造的世界紀錄，但她畢竟獲得了兩面金牌，她用盡了自己的一切力量。與其說她的成績是速度的勝利，毋寧說是意志和恆心的勝利！

堅忍的意志，是一切成就大事業的人所具有的特徵。他們或許缺乏良好的素質，或許有各種弱點與缺陷，然而他們具備了堅忍的意志。這是所有成就大事業的人所絕不可缺少的涵養。勞苦不足以使他們灰心，困難不足以使他們喪志。不管處境如何，他們總能堅持與忍耐，因為堅忍是他們的天性。

沒有失敗就沒有成功

在第二次世界大戰後功成身退、生活立刻由絢爛歸於平靜的邱吉爾（Winston Leonard Spencer Churchill），有一回，他應邀在劍橋大學畢業典禮上致詞。那天他坐在首席位置上，打扮一如平常，頭戴一頂高帽，手持雪茄，一副怡然自樂的樣子。經過隆重但稍嫌冗長的介紹後，邱吉爾走上講臺，兩手抓住講臺，注視觀眾後大約沉默了二分鐘，然後他就用那種他獨特的風範開口說：「永遠，永遠，永遠不要放棄！」接著又是長長的沉默，然後他又一次強調：「永遠，永遠，不要放棄！」最後在他再度注視觀眾片刻後驀然回座。

無疑地，這是歷史上最短的一次演講，也是邱吉爾最膾炙人口的一次演講。但這些都不是重點，真正的重點是你願意聽取邱吉爾的忠告嗎？

時常聽見有些人哀嘆自己時運不濟，無論任何事都不能如願。事實上，真正失敗的原因是他做任何一件事，只要一遇挫折就半途而廢。可是繼續接收他那份工作的人，卻因自己不斷的努力，反而獲得圓滿的成果。由這裡我們可以明白地看到，並不是這個人運氣差，只是因為他欠缺耐心。

做任何事只要半途而廢，那前面的辛苦就白費了。唯有經得起風吹雨打及種種考驗的人，才是最後的勝利者。因此，如果不到最後關頭，我們就絕不言放棄。在堅持不懈的努力中，人生境界才能得到昇華。

永不言敗和善於對失敗進行總結，是成功者的基本特徵。在成功者的天地裡不存在任何「應急解決辦法」或免費午餐，唯有高度集中和堅持不懈的品格才能克服通往任何目標的路上所遇到的曲折和危機。

尤其在我們將願望轉變為財富的過程中，毅力和忍耐更是一個不可缺少的因素。那些財富浩大的人通常被認為冷血或無情，這其實是一種誤解。事實上，他們是具有堅強意志的人，他們在大多數人會輕易地放棄自己的目標時，堅持了下來，所以他們比大多數人更接近最後一次失敗之後的成功。

只有少數人能從經驗中得知堅忍不拔精神的正確性。這些人承認失敗只是一時的，他們依靠不衰的願望而使失敗轉化為勝利。我們站在人生的軌道上，目擊絕大多數的人在失敗中倒下去，永遠不能再爬起來。對此，我們只能總結說，一個人沒有毅力，那麼他在任何一行中也都不會得到成就。

我們的事業、我們的人生也是這樣，在競爭的社會裡，當然不會忘記勝利，但是，我們也不該忘記失敗，不該蔑視失敗，對一個為事業奮鬥傾其能、盡其力的參與者來說，他們的失敗推動了整個事業前進，所以雖敗亦榮、亦烈，他們的精神亦傳千古，亦流芳百世。

亨利．福特（Henry Ford）說：「失敗能提供你以更聰明的方式獲取再次出發的機會。」其實，偉大的牛頓（Isaac Newton）、愛迪生，尚且還有失敗的時候，何況平凡的你我？

況且，從某種意義來說，人沒有失敗，就沒有成功，甚至於個人要是沒有大失敗，就沒有大成功，你去問問成功的人，他們可以肯定地告訴你，他們經歷的失敗比你想像的還要多得多。其實，他們之所以現在成功，就是因為以前積累了太多太多的失敗。只是他們不怕失敗，耐心而又細緻地研究失敗的原因，然後，一步一步地把它們解決，最後才取得了勝利。

所以，不要怕失敗，「誰說所有的英雄都是成功的，我們的『英雄』首先收穫的就是眼淚」。失敗對勝利來說是一座橋樑，你要獲得勝利，你不能不知道失敗，不能不經歷失敗，不能不研究失敗，不能不總結失敗。

在下一次努力前先消除「無力感」

或許你曾試過一些方法，再找一份工作、再結識一位伴侶、再使家人恢復健康，讓快樂的時光重現，可是卻都未見成效。有些人或許會重新振作，力圖扭轉困境，但當一再失敗時，往往就失去了再嘗試的勇氣；為什麼會這樣呢？

只因為我們每個人都想避開痛苦，沒有人願受再三經歷失敗的打擊。當一個人付出全力去做，結果得到的竟是失敗的時候，請問他還有勁去嘗試嗎？也就是經常受到失敗的打擊，我們不僅不願再去嘗試，甚至根本不相信還有任何可為之處。

若我們發現自己有了不想再嘗試的念頭，那麼就得當心這種心態，我們已經患了「無力感」的心理病了。

幸好，這種病並不是絕症，只要你現在就改變自己的認知和做法，那麼所有的不如意就會一掃而空。

發明家愛迪生說：「我才不會沮喪，因為每一次錯誤的嘗試都會把我更往前推進一步。」扭轉人生的第一步，就在於拋卻一切負面、消極的想法，別一味相信自己什麼都不行、是無可救藥的了。何以你會這個樣子？只因為曾經試過好多次不見成效，就意味著自己束手無策了嗎？

因此，你要記住這樣一句話，它應在我們的人生中經常運用：過去不等於未來。過去你曾怎麼想、怎麼做都不重要，重要的是今後你要怎麼想、怎麼做。在駛往未來的道路上，許多人是看著後視鏡的引導，如果你就是其中之一，那麼就不免會出意外。相反的，你應放眼於現在，著眼於未來，看看有什麼能使你變得更好的方法。扭轉人生的另一重要步驟，就是需要你堅持到底，為改變困境努力不懈。

許多人曾說過這樣的話：「為了成功，我嘗試了不下上千次，可就是不見成效。」你相信這句話是真的嗎？別說他們沒有試上一百次，甚至於有沒有十次都頗令人懷疑。或許有些人曾試過八次、九次乃至於十次，但因為不見成效，結果就放棄了再嘗試的念頭。

成功的祕訣，就在於確認出什麼是對你來說最重要的，然後拿出果敢的行動，不達目的誓不甘休。

你是否聽過桑德斯上校（Harland David Sanders）的故事？他是「肯德基炸雞」連鎖店的創辦人，你又知道他是如何建立起這麼成功的事業嗎？是因為生為富家子弟？念過哈佛這樣著名的高等學府？抑或是在很年輕時便投身於這門事業上？

而事實上桑德斯上校於年齡高達六十五歲時才開始從事這個事業。那麼又是什麼原因使他終於拿出行動來呢？因為他身無分文且孑然一身，當他拿到生平第一張救濟金支票時，金額只有一百零五美元，內心實在是極度沮喪。他不怪這個社會，也未寫信去罵總統，而是心平氣和地自問：「到底我對人們能做出何種貢獻呢？我有什麼可以回饋的呢？」隨之，他便思量起自己的所有，試圖找出可為之處。

頭一個浮上他心頭的答案是：「很好，我擁有一份人人都曾喜歡的炸雞祕方，不知道餐館要不要？我這麼做是否划算？」隨即他又想到：「我真是笨得可以，賣掉這份祕方所賺的錢還不夠我付房租呢！但如果餐館生意因此提升的話，那又是如何呢？如果上門的顧客增加，且指名要點用炸雞，或許餐館會讓我從其中抽成也說不定。」

好點子固然人人都會有，但桑德斯上校就跟大多數人不一樣，他不但會想，且還知道怎樣付諸行動。隨之，他便挨家挨戶地敲門，把想法告訴每家餐館：「我有一份上好的炸雞祕方，如果你能採用，相信生意一定能夠提升，而我希望能從增加的營業額裡抽成。」很多人都當面嘲笑他：「得了吧，老傢伙，若是有這麼好的祕方，你幹嗎還穿著這麼可笑的白色服裝？」這些話是否讓桑德斯上校打退堂鼓呢？絲毫沒有，因為他還擁有天字第一號的成功祕訣，我們稱其為「能力法則」，意思是指「不懈地拿出行動」：每當你做什麼事時，必得從其中好好學習，找出下次能做好的更好方法。桑德斯上校確實奉行了這條法則，從不為前一家餐館的拒絕而懊惱，反倒用心修正說辭，以更有效的方法去說服下一家餐館。

桑德斯上校的點子最終被接受，你可知先前他被拒絕了多少次嗎？將近兩百次之後，他才聽到第一聲「同意」。在過去兩年時間裡，他駕著自己那輛又舊又破的老爺車，足跡遍及美國每一個角落。睏了就和衣睡在後座，醒來逢人便訴說他那些點子。他為人示範所炸的雞肉，經常就是果腹的餐點，往往匆匆便解決了一頓。歷經一百九十九次的拒絕，整整兩年的時間，有多少人還能夠鍥而不捨地繼續下去呢？也無怪乎世上只有一位桑德斯上校。我們相信很難有幾個人能受得了二十次的拒絕，更別說一百次或一百九十九次的拒絕。然而這也就是成功的可貴之處。

如果你好好審視歷史上那些成大功、立大業的人物，就會發現他們都有一個共同的特點，不輕易為「拒絕」所打敗而退卻，不達成他們的理想、目標、心願，就絕不甘休。華特．迪士尼（Walt Disney）為了實現建立「地球上最歡樂之地」的美夢，曾向銀行融資，可是被拒絕了幾十次之多。今天，每年有上百萬遊客享受到前所未有的「迪士尼歡樂」，這全都出於一個人的決心。

專心一致地去嘗試，憑毅力與彈性去追求所企望的目標，最終必然會得到自己所要的，可千萬別在中途便放棄希望。這句話說來簡單，但相信你一定會從內心同意它並非易事。就從今天起拿出必要的行動，哪怕那只是小小的一步。

無論如何都不認輸的勇氣

人生在世享受生活樂趣，便是瞻望未來的成功，遺忘過去的困境。把錯誤和失敗當做學習的方法，然後就將它們逐出腦外。

從未成功的人每當陷入困境就自責不已。逆境中可能發生的危險只有一個：不恰當地歸咎自己。只要一息尚存，就有希望。不論遭遇何種不幸，只要能繼續生存下去，就證明了自己不是挫敗者。而我們應該時時以自己為對手，戰勝自己，直視自己。

不過在現實生活中，確實有許多人走不出困境，這是因為缺乏堅忍的信念和信心；相反，能這樣做的人，就會是另外一種樣子。

二戰後受經濟危機的影響，日本失業人數陡增，工廠效益也很不景氣。一家瀕臨倒閉的食品公司為了起死回生，決定裁員三分之一。有三種人名列其中：一種是清潔工；一種是司機；一種是無任何技術的倉管人員。三種人加起來有三十多名。經理找他們談話，說明了裁員意圖。清潔工說：「我們可以成功，如果沒有我們的打掃，沒有潔淨優美、健康有序的工作環境，你們怎麼會全身心投入工作？」司機說：「我們可以成功，這麼多的產品沒有司機怎能迅速銷往市場？」倉管人員說：「我們可以成功，戰爭剛剛過去，許多人在飢餓中掙扎，如果沒有我們，這些食品豈不要被流浪街頭的乞丐偷光？」

經理覺得他們說的話都很有道理，權衡再三決定不裁員，並重新制定了管理策略。最後，經理要人在廠門口懸掛了一塊大匾額，上面寫著——「我很重要」。每天當職工們來上班，第一眼看到的便是「我很重要」這四個字。不管是第一線員工，還是白領階層，都認為主管很重視他們，因此工作也很賣力。這句話激起了全體職員的積極性，幾年後公司迅速崛起，成為日本有名的公司之一。

你可曾沮喪消沉？遭遇嚴重困境？或為自己所犯的錯誤過分自責？你可曾勞而無獲？你可曾因疾病或受傷而造成殘障？你是否會因為希望破滅而心情沉重？是否會冒險犯難，結果澈底陷入困境？

當然，這些情形，都不應妨礙我們達到最後目標。陷入困境正如冒險和勝利一般，是生命中必然具備的一部分。偉大的成功通常都是在無數次的痛苦失敗之後才得到的。大劇作家兼哲學家蕭伯納（George Bernard Shaw）曾經寫道：「做成事情是經過許多次的大錯之後才得到的。」討厭自己的人，他們的做法往往恰好相反。他們回想過去的困境，忘卻往日所有的成就，以致摧毀自信心。他們不但記住失敗的情景，還情緒化地將它深植在心中。從未成功的人總是在每次陷入困境時就自責不已。另一方面，雖會遭遇挫敗但仍喜愛工作的人卻能了解過去犯了多少錯並不重要，重要的是能不能從每一次陷入困境中吸取教訓，以致在下一次能有較好的表現。

我們應將陷入困境中的其他不利因素當作修正方向，以便再度瞄準目標的工具，僅此而已。而從困境中走出來的方法是有講究的：

第一，誠懇而客觀地審視周遭情勢，不要歸咎別人，而應反省自己。

第二，分析陷入困境的過程和原因。重擬計畫，採取必要措施，以求改正。

第三，在重作嘗試之前，想像自己圓滿地處理工作或妥善地應付客戶的情景。

第四，把足以打擊自信心的困境記憶一一埋藏起來。它們現在已經變成你未來成功的肥料了。

第五，重新出發。你可能必須再三試行這些步驟，然後才能如願達到目標。重要的是每嘗試一次，我們就能夠增加一次收穫，並向目標更加進一步。坦然接受批評並不是易事。我們都怕出錯，自小師長便教導我們犯錯是不好的事，它會使我們失去親友的疼愛，但是我們可以學會不受情緒左右。

受到批評，不必感到失望、不平或憤怒，而應把精力用來研製一項明確的計畫，以平息批評，重新起步。與有關的人共同研究我們的計畫，不要浪費時間和精力彼此抱怨，應該共同努力解決問題。

如果你不願從錯誤中學習，你便會千方百計地掩飾錯誤。隱藏的錯誤會成為你工作上的毒瘤，甚至危害到你的人際關係和公司本身（尤其如果你是主管人員的話）。掩飾錯誤就像掩飾癌症的症狀一樣，將導致整個機構的瓦解。你如果有責任心，就應勇於認錯。你應該對自己這麼說：「我的能力不僅如此，下次我會表現得更好。」或者「我沒考慮到這個因素，以後我就知道該注意這件事了」。這就是「從錯誤中學習」的含義。

有時候我們又太勇於自責了。我們會說：「這都是我的錯。」「我什麼事都做不好。」如果是我們的錯，自責倒也無妨，但明明不是我們的錯而強要自責，便有危險。喜歡自責的人內心常有「我是笨蛋，我是失敗者」的想法。這麼一來，下次你又會犯同樣的錯誤。或是你誤信自己的確是笨蛋，而根本不再嘗試了。奇怪的是，我們的確能安於失敗。不動腦筋的自憐要比絞盡腦汁分析自己、籌畫下次如何成功來得容易多了。

逆境中可能發生的危險只有一個：以失敗者自居。

一個人若開始以失敗者自居，便會真的成為失敗者。「你認為自己是怎樣的人，就會真的成為怎樣的人。」這句格言在此處同樣適用。

對於運動員的競技而言，比賽完了就是結束了——有人贏，有人輸。比賽不能重來，可是在工作上，永遠有第二次機會。套用奧哈拉（Scarlett O'Hara）的話說：「明天又是嶄新的一天。」明天永遠有另一個成功的機會。只要一息尚存，就有希望。不論遭遇何種不幸，只要能繼續生存下去，就證明了自己不是失敗者。

不論發生什麼事，絕不要認為自己是失敗者，反而要阻止消極的思想侵蝕你的心靈。不要落入不滿的陷阱，變得憂慮、蠻橫或憤世嫉俗。處境不順時，千萬不要借酒精或實物來逃避現實，這些東西對心靈遲早會產生壓抑的效果。最重要的是，不要與其他失敗者同病相憐。不幸的人喜歡結伴同行，更為可悲的是，你那些什麼也做不好的同伴可不願見你脫離苦海，他們要你和他們一起沉淪下去。

自以為別人都與自己作對的人，以及尖酸刻薄的人，比患了絕症還要不幸。事實上，有些醫學專家說，這種精神上的墮落確實可能導致絕症。但是，毒瘤可以用手術割除，惡劣的情緒卻不能。只有你自己有力量糾正心理的偏頗，才能重回健康、富有和幸福的正道。

挫敗不可能排除態度的因素。愛迪生估計他發明電燈時，共做了一萬四千次以上的實驗。他的成功，來自於不斷地發現失敗的方法，直到發現了一種可行的方法為止。他用自己的人生經歷證實了大人物與小人物之間的唯一差別——大人物只是一位不斷嘗試的小人物。除非我們放棄，否則我們就不會被打垮。偉大的希臘演講家德謨克利特（Democritus）因為口吃而害臊羞怯。他父親留下一塊土地，想使他富裕起來，但當時希臘的法律規定，他必須在擁有土地所有權之前，先在公開的辯論中戰勝所有人才行。口吃加上害羞使他慘敗，結果喪失了這塊土地。從此他發憤努力，創造了人類前所未有的演講高潮。歷史上忽略了那位取得他財產的人，但一連好幾個世紀，世界各地的學童都在聆聽德謨克利特的故事。

所以，不管你跌倒多少次，只要再起來，你就不會被擊垮。挫敗，繼續堅持；繼續努力，你就會成功。

持續挑戰就是為自己爭取成功的機會

《聖經》上說：「你們求，必要給你們；你們找，必要找著；你們敲，必要給你們開。因為凡是求的，就必得到；找的，就必找到；敲的，就給他開。」這可以理解為：面對困難不退卻、不逃跑，堅持奮鬥就有成功的希望。

要論遭受挫折和失敗，有誰能和亞伯拉罕·林肯相比？我們不妨看看林肯的一生。

二十二歲，生意失敗；二十三歲，競選州議員失敗；
二十四歲，生意再次失敗；二十五歲，當選州議員；
二十九歲，競選州議長失敗；三十四歲，競選國會議員失敗；
三十七歲，當選國會議員；三十九歲，國會議員連任失敗；

四十六歲，競選參議員失敗；四十七歲，競選副總統失敗；

四十九歲，競選參議員再次失敗；五十一歲，當選美國總統。

林肯的故事一定會對你有所啟發。一八三二年，林肯失業了，這顯然使他很傷心，但他下決心要當政治家，當州議員，糟糕的是他競選失敗了。在一年裡遭受兩次打擊，這對他來說無疑是痛苦的。他著手自己開辦企業，可一年不到，這家企業又倒閉了。在以後的十七年間，他不得不為償還企業倒閉時所欠的債務而到處奔波，歷盡磨難。他再一次決定參加競選州議員，這次他成功了。他內心萌發了一絲希望，認為自己的生活有了轉機：「可能我可以成功了！」

第二年，即一八三五年，他訂婚了，但離結婚還差幾個月的時候，未婚妻不幸去世。這對他精神上的打擊實在太大了，他心力交瘁，數月臥床不起。在一八三六年他還得過神經衰弱症。一八三八年他覺得身體狀況良好，於是決定競選州議會議長，可他失敗了。

一八四六年，他又參加競選美國國會議員，但這次仍然沒有成功。他雖然一次次地嘗試，但卻是一次次地遭受失敗：企業倒閉、情人去世、競選敗北。要是你碰到這一切，你會不會放棄——放棄這些對你來說是重要的事情？他沒有放棄，他也沒有說：「要是失敗會怎樣？」

一八四九年，他又一次參加國會議員競選，最後終於當選了。兩年任期很快過去了，他決定要爭取連任。他認為自己作為國會議員表現是出色的，相信選民會繼續選他。但結果很遺憾，他落選了。因為這次競選他賠了一大筆錢，他申請當本州的土地局長。但州政府把他的申請退了回來，上面指出：「做本州的土地局長要求有卓越的才能和超常的智力，你的申請未能滿足這些要求」。

接連又是兩次失敗。在這種情況下你會堅持繼續努力嗎？你會不會說「我失敗了」？然而，他沒有服輸。一八五四年，他競選參議員，但失敗了；兩年後他競選美國副總統提名，結果被對手擊敗；又過了兩年，他再一次競選參議員，還是失敗了。

在林肯大半生的奮鬥和進取中，有九次失敗，只有三次成功，而第三次成功就是當選為美國的第十六屆總統。那屢次的失敗並沒有動搖他堅定的信念，而是起到了激勵和鞭策的作用。

每個人都難免要遇到挫折和失敗，林肯面對失敗沒有退卻、沒有逃跑，他堅持著、奮鬥著。他始終有充分的信心向命運挑戰，他壓根兒就沒想過要放棄努力，他不願放棄，所以他成功了。

在向成功之巔攀登的途中，你必須記住：梯子上的每一級橫階放在那兒是讓你擱腳的，是讓你走向更高處的，而不是用來讓你休息的。

第二章

培養廣闊的胸襟

如果我們對所有的攻擊，
都施之以反擊的話，
對健康何益？
對人際何益？
對人生何益？

氣度的修養是一種思想

忍一時之氣，免百日之憂；一切諸煩惱，皆從不忍生。越王勾踐也罷、韓信也罷，都曾經受過別人的胯下之辱，最終乃渡過了難關，成就了大業。清代的金蘭生在《格言聯璧．存養》中說：「必能忍人不能忍之觸忤，斯能為人不能為之事功。」意思就是說，能忍受一般人所不能忍受之事，這個人將來必能有所作為。

現實生活本身並不全然是理性的，其中也充斥著很多無奈的邏輯。譬如，某些人的性格帶有攻擊性，這就意味著另一些人往往無端遭到挑釁。如果我們對所有的攻擊，都施之以反擊的話，那我們生活的環境將充滿火藥味，對健康何益？對人際何益？對人生何益？

忍讓者，忍耐也，謙讓也。一般說來，社交過程中產生什麼矛盾的話，雙方可能都有責任，但作為當事人應該主動地禮讓三分，從自己方面找原因。忍讓，實際上也就是讓時間、讓事實來表白自己。在社交中採取忍讓的態度，可以讓很多事情冷處理，可以擺脫相互之間無原則的糾纏和不必要的爭吵。

歌德（Johann Wolfgang von Goethe）有一天到公園散步，迎面走來了一個曾經對他作品提出過尖銳批評的評論家。這位評論家站在歌德面前高聲喊道：「我從來不給傻子讓路！」歌德卻答道：「而我正相反。」一邊說，一邊滿面笑容地讓在一旁。歌德的忍讓避免了一場無謂的爭吵。有了歌德這樣的忍讓就可以避免各種矛盾衝突，也可以消除自己的惱怒。從某種意義上說，它既可以為自己擺脫尷尬難堪的局面順勢下臺，又能顯示出自己的心胸和氣量。

俗話說，「不如意事十之八九」。期望愛情甜蜜者，難免有失戀的苦惱；一向和諧的家庭，也少不了芝麻小事般的爭吵；被認為可信賴的朋友，偶爾的誤會竟產生隔閡；為事業而奮鬥拚搏，也許遭到平庸者的嫉妒……生活中的這些個不如意，常常檢驗著一個人的修養水準：有的泰然處之，從容對待，以真誠化干戈為玉帛；有的則怒形於色，耿耿於懷，因偏狹積小怨為仇端。學會忍讓，這看似極簡單的事兒，卻有化解你生活中各樣煩惱的神力，而使人生路上充滿信心、愉快和陽光。

忍讓是一種美德。親人的錯怪，朋友的誤解，訛傳導致的輕信，流言製造的是非……當此時，生氣無助雲消霧散，惱怒不會春風化雨，而一時的忍讓則能幫助你恢復應有的形象，得到公允的評價和讚美。

清代中期，有個「六尺巷」的故事，據說當朝宰相張英與一位姓葉的侍郎都是安徽桐城人，兩家比鄰而居，兩家都要起房造屋，為爭地皮，發生了爭執。張老夫人便修書北京，要張英出面干涉。這位宰相果真見識不凡，看罷來信，立即做詩勸導老夫人：「千里家書只為牆，再讓三尺又何妨？萬里長城今猶在，不見當年秦始皇。」張母見張書明理，立即把院牆主動退後三尺；葉家見此情景，深感慚愧，也馬上把牆讓後三尺。這樣，張葉兩家的院牆之間，就形成了六尺寬的巷道。古代開明之士尚能如此，今天同事之間處理小是小非，是應該比封建時代更高一籌的。

忍讓不是懦弱可欺。相反，它更需要的是自信和堅韌的品格。富者能忍保家，貧者能忍免辱，父子能忍慈孝，兄弟能忍意篤，朋友能忍情長，夫婦能忍和睦。古人講「忍」字，至少有如下兩層意思：其一是堅韌和頑強。晉朝朱伺說：「兩敵相對，惟當忍之；彼不能忍，我能忍，是以勝耳。」這裡的忍，正是頑強精神的體現；其二是抑制。《荀子．儒效》：「志忍私，然後公；行忍性情，然後能修。」被譽為「亙古男兒」的宋代愛國詩人陸游，胸懷「上馬擊狂胡，下馬草戰書」的報國壯志，也寫下過「忍字常須作座銘」。這種忍耐，不正凝聚著他們頑強、堅韌的可貴品格嗎？有誰說他們是懦弱可欺呢？

威廉．麥金利（William McKinley）剛任美國總統時，他指派某人做稅務部部長。當時有許多政客反對此人，他們派遣代表前往總統府進謁麥金利，要求他說明委任此人的理由。為首的是一位身材矮小的國會議員，他脾氣暴躁，說話粗聲粗氣，開口就把總統大罵了一番。麥金利卻不吭一聲，任憑他聲嘶力竭罵著，最後才極和氣地說：「你講完了，怒氣該可以平息了吧？照理你是沒有權利這樣來責問我的，不過我還是願意詳細地給你解釋……。」這幾句話說得那位議員羞慚萬分。但總統不等他表示歉意，就和顏悅色地對他說：「其實也不能怪你，因為我想任何不明真相的人，都會大怒。」接著，他便把理由一一解釋清楚。其實不等麥金利解釋，那位議員已被他折服。他心裡懊悔，不該用這樣惡劣的態度來責備一位和善的總統。因此，當他回去向同伴們彙報時，只是說：「我記不清總統的全部解釋，但有一點可以報告，那就是——總統的選擇並沒有錯。」

沒想到，向來為人們所輕視的「忍氣吞聲」有其極大妙處，不發怒不但使麥金利的解釋獲得效果，而且使那位議員從此悔悟，以後永遠不再做出令人難堪的舉動。別人故意用種種奸計，使你大發脾氣，你一氣之下，就會做出不理智的事情，這樣無疑是自討苦吃。欲制伏一個大發脾氣的人，再沒有比忍讓更好的了。

氣度的修養，是一種思想，是一種以守為攻的策略。君子忍耐的效果往往超過力量與宣洩。古語講，「忍氣饒人禍自清」。君子之所取者遠，則必有所待，所就者大，則必有所忍。

忍耐是創造希望的藝術，也不愧為人們處世和處事的高招，不愧為人們成就工作的槓桿和事業的捷徑。人生中有很多幸福的經歷，也有很多糟糕的經歷，只有學會忍耐，才能遊刃有餘。

幾多痛苦，幾多折磨，幾多困難，幾多險境……幾乎每個人在生命的旅途上，都要受到命運之神的捉弄。當你不甘心做命運的奴僕而又未能扼住命運的咽喉之時，必須學會忍耐——讓所有的痛苦都在忍耐中得到淡化，所有的眼淚都在忍耐中化作輕煙。

忍耐並不是逆來順受，也不是消極頹廢，屈服於命運之神的誘惑與調遣。生活的滄桑使生命的深淵埋下難言的隱痛，忍耐卻可以使人相信，隱痛必然消失，暴風雨過後的天空更加明亮。

學會忍耐，學會在忍耐中鍥而不捨地追求，在忍耐中更深刻地感受人生。「天才，無非是長久的忍耐！努力吧！」——莫泊桑（Henry René Albert Guy de Maupassant）實踐了福樓拜（Gustave Flaubert）的這句贈言，最終才成為世界文壇的一顆明星。

那麼如何才能擁有這樣的氣度？首先，經常明確地意識到目標的存在，使自己為了達到這個目標，而不斷提高運用頭腦思考的能力。

其次，嘗試著去了解自己做每一件事情的意義所在。一旦能夠理解了以後，對工作抱持的態度，就會從「應該做」進入「必須做」這種積極性的意識形態。如此一來，必能減少工作時的緊張感和壓迫感，而愉快地完成工作。否則，一味地強迫自己去做不喜歡的事情，非但會增加不少的麻煩和痛苦，而且，精神上很容易疲勞而變得毫無效率可言。

第三，培養安於困境的習慣。一個人在面對困難的情境時，常常會表現出逃避的傾向。但是為了能夠作自我控制，就必須忍耐這種困境所帶來的痛苦。那麼時間一久，自然會在不知不覺間，培養出一種安於困境的耐力，而能夠全神貫注在自己的工作上。

第四，學會抑制衝動的情緒。這件事乍看之下，似乎很難。但是，只要我們稍微冷靜地加以分析，很容易便可以發現，要抑制衝動的情緒，事實上是很簡單的。不過，對於比較強烈的衝動或欲望，還是應該選擇一個適當的時機，使它們有機會儘量地發洩出去，比較妥當。

經常不斷地作自我訓練的話，很快地，我們將會在潛意識之中，放寬自我的氣度，我們的人生也將大放異彩。

正向面對挫折與打擊

「懼怕危機，缺乏忍耐」是大多數人的性格特點。而事實上，每一個人在一生中很難避免遭遇危機。不過，危機也許正是最大的轉機。所以，從今以後一旦陷入危機之中，應該認識到危機也許就是機會，進而忍耐讓自己走出困境才是人生正道。

西班牙歌王胡立歐（Julio Iglesias）是譽滿全球的廣受歡迎的歌唱家，可是他最大的願望曾經是當一名足球運動員。但是，一場不幸的交通事故，使他不得不放棄自己鍾情的足球事業，而轉向歌壇方面發展。

女演員奧黛麗・赫本（Audrey Kathleen Hepburn Ruston）曾立志做一名芭蕾舞演員，但老師認為她不具備這方面的才能，於是她果斷地放棄。日後，成為一名深受世界各國人們喜愛的電影演員。

日本獲得文化勳章的作家井伏鱒二，從少年時代起便愛好繪畫，畢業實習後就迫不及待地叩響了某畫家之門，卻被斷然拒之門外。後來，他考入早稻田大學，如今是一名成功的作家。

再如，日本女作家家田莊子曾經想當一名演員。她參加過許多演出，但毫無出色之處。有一天她向出版社兜售凹版相片，這時有人勸她寫書。沒想到這竟然成了她成為作家的契機。

這些取得成功的人們，原本的志向與最後的成功並不相符，不是歌手、演員或者作家。但是，各自都因為不同情況而不得不放棄最初的夢想。可貴的是，他們在放棄的時候能重新向前望去，打開了另一扇門，並全力拚搏。從而成為各個領域的佼佼者。如果你因某種原因夢想破滅，不必悲觀失望。因為「放棄夢想」或者「遭受挫折」反而大獲成功的事例，在我們生活的世界裡不計其數。

「危機正是轉機」。因而，只要時時刻刻不忘記逆境思維，那麼，即使陷入深淵，你也不會驚慌失措。人在遭遇危機時，為擺脫危機會絞盡腦汁，一般情況下，人們只使用著全部能力的百分之三十，而絞盡腦汁地思謀對策，會激發出平時未使用的百分之七十的潛能。因此，越是在大危機的情況下，越會產生出其不意、克敵制勝的高招。

如果我們能改變我們的思考方式，就會發現將自己逼入死胡同的危機或挫折時期，正是發揮一個人潛能的絕佳時期。擁有堅忍性格的人會把危機變為機遇，並且獲得比以前任何時候都巨大的成功。

讓他人的挑釁成為自己的動力

生活中有些侮辱可能是別人無意中附加給我們的。而又有些時候，我們所受的侮辱正是來自我們敵對的一方，是那些準備冷眼旁觀我們身陷窘境如何自處的敵人。這就需要我們充分利用自己的智慧，轉危為安。

三國時，魏將司馬懿在五丈原與諸葛亮對峙時，他料定蜀軍糧草匱乏，不利久戰，因此堅壁不出，以逸待勞。諸葛亮使激將法，派人將婦女的頭飾和衣服送給司馬懿，諷刺他縮頭藏尾，如婦人所為。

魏軍將領見此羞辱勃然大怒，爭先請戰。司馬懿卻欣然接受，為安撫士氣，繼續以堅壁不戰的戰略疲憊對方，同時故意上奏請示魏主曉諭攻守對策。如此書信往返，又消耗了一段時間，司馬懿終於以固守之策逼退無法僵持久戰的蜀軍。

能忍得旁人所難以忍受的東西，才能使自己能屈能伸，不斷地積蓄力量，增強忍耐力和判斷力，這樣才能在戰爭中取勝。現實生活中，我們同樣可以蔑視別人的挑釁，將他們對自己的侮辱轉化為激發自己前進的力量。

利特爾公司是世界上最著名的科技諮詢公司之一。它的前身是創始人利特爾（Arthur D. Little）一八八六年建立的一個小小的化學實驗室，創立之初鮮為人知，絲毫也不引人注目。一九二一年的一天，在許多企業家參加的一次集會上，一位大亨高談闊論，否定了科學的作用。而一向崇拜科學的利特爾帶著輕蔑的微笑，平靜地向這位大亨解釋科學對企業生產的重要作用。

這位大亨聽後，不屑一顧，還嘲諷了利特爾一番，最後他挑釁地說：「我的錢太多了，現有的錢袋已經不夠用了，想找豬耳朵做的絲錢袋來裝。或許你的科學能幫個忙，如果做成這樣的錢袋，大家都會把你當科學家的。」說完，哈哈大笑。聰明的利特爾怎麼會聽不出大亨的弦外之音呢？他氣得嘴唇直抖，但還是抑制住自己，表面上非常謙虛地說：「謝謝你的指點。」因為，這時利特爾想到的是一個千載難逢的大好機會。

其後的一段時間裡，市場上的豬耳朵被利特爾公司暗中搜購一空。購回的豬耳朵被利特爾公司的化學家分解成膠質和纖維組織，然後又把這些物質製成可紡纖維，再紡成絲線，並染上各種不同美麗顏色，最後紡織成五光十色的絲錢袋。這種錢袋進軍市場後，頓時一搶而空。

「用豬耳朵製絲錢袋」，這一看來荒誕不經的惡意挑釁被粉碎了。那些不相信科學是企業的翅膀，從而也看不起利特爾的人，不得不對利特爾刮目相看。而利特爾公司因此名聲大振。面對挑釁，利特爾忍受輕蔑，「虛心」接受指點；不大吵大鬧、爭執強辯，也不義正詞嚴地加以駁斥，他不露聲色，暗中準備，將豬耳朵製成絲錢袋成名。

利特爾成功起家的故事告訴我們：面對藐視，不如忍耐一下，用實際行動證明自己的能力。

忍讓是身處人群中必要的特質

面對著人們種種的提問，到底該如何去回答。從詞義上說：忍耐是把痛苦的感覺或某種情緒抑制住不使其表現出來。在一個歷史悠久的社會大家庭裡，任何人或組織，都必須具備這種承受壓力的能力。

「忍」的真實背景首先表現在人與自然的關係上。自然界孕育了人類，為人類的生存、發展提供了條件，但同時又制約著人類。

人作為自然的產物，一切都離不開自然。依附自然，尊重自然規律，同時也要接受自然洗禮，生老病死，婚喪嫁娶，一切都要順從自然。

人類對自然界的忍讓和順從是發展自身、繁榮社會的明智之舉、必經之路。忍的真實背景還表現在人與社會的關係上。

人類要和順地生存和規律地生活，就得忍耐住自己的種種遐想，遵天命，順天理，合民意。如果有誰不尊重大自然非要與之作對，破壞生態平衡，就只能遭到自然規律的無情懲罰。正是自然界這種不可抗拒的規律，迫使人們對自然界採取忍讓寬容的態度，才能享受大自然的恩賜，享受著溫暖的陽光；也正是對自然界的忤逆，人類不得不忍受狂風暴雨的肆虐和顆粒無收的饑荒。

在春秋戰國時，藺相如對廉頗的忍讓是很典型的一例。

廉頗是趙國的名將，曾多次率兵與別國打仗，為趙國立下汗馬功勞，是一位馬上將軍。藺相如最初不過是趙國宦官繆賢的門客，憑著自己的機智勇敢，兩次為趙國立下大功。趙文王時，趙國曾得到一塊寶玉——和氏璧。秦昭襄王捎信給趙王，要用十五座城池與趙國換和氏璧。趙王懼於秦國的威勢，只好答應，但找不到合適的人擔當護送和氏璧的任務，繆賢便推薦了藺相如。到了秦國後，藺相如發現秦王並無誠意換玉，便用計將寶玉完整地送回了趙國。趙王為了表彰他不辱使命完璧歸趙，就拜他為上大夫之官。後來秦、趙在澠池會盟，秦王讓趙王彈瑟，趙王不敢不彈。彈完，秦國史官上前在史冊上寫道：「秦王命令趙王彈瑟。」藺相如一看，國辱難容，就來到秦王身邊讓他擊罐，若不擊，便與他同歸於盡。秦王無奈，只好擊了一下。藺相如讓趙國的史官記下：「秦王為趙王擊罐。」回國後，趙王認為此行藺相如的功勞最大，便封他為上卿，官位在廉頗之上。

這一來廉頗想不通，認為自己身為將軍，有攻城野戰的功勳，而藺相如不過是耍耍嘴皮子，立了點功勞就位居自己之上，更何況藺相如本來就出身微賤，豈有此理。於是公開揚言：「我碰到藺相如，一定要讓他好看！」相如聽說了，並不與他計較，只是不肯和他見面，每當上朝時就推託生病而不去，避免和廉頗爭高下。

有一次，相如外出，遠遠地望見廉頗，就趕緊讓車夫調轉車頭躲避。手下的門客們忍不住了，一齊進言：「您和廉頗同朝為官，他對您惡言相辱，您為什麼忍氣吞聲、躲躲藏藏，未免太膽小怕事了，我們都覺得是個恥辱，何況位居高官的您呢？我們忍不下去了，讓我們走吧。」相如聽了並不生氣，只是勸門客們不要走，並問他們：「依你們看，廉將軍比秦王還厲害嗎？」大家說：「當然比不上秦王。」相如說：「既然如此，那個威震天下的秦王，我都敢在大庭廣眾下呵斥他，我再無能，難道會只怕廉將軍嗎？我是想，強秦之所以不敢侵犯趙國，是因為有我和廉將軍同時在朝為官，如果我們倆鬥氣，就會像兩虎相爭，不能共存；那趙國就危險了。我之所以躲著他，無非是把國家的危難放在前頭，把個人的恩怨放在後頭罷了。」

廉頗聽到了相如這番話，非常感動，就光著身子，背著荊條到藺相如家中請罪。他跪在地下說：「我太淺薄了，沒想到您的胸懷如此寬大。」兩人從此結為至交，成為生死與共的朋友。

在人類社會中，要使整個社會按照正常軌道有秩序地發展，人們就得克制自己的欲望，約束自己的行為，遵守法制，遵守社會公德；就得學會忍，必要時要強迫自己忍耐，把個人的欲望和要求限制於不妨礙他人、不危及社會利益的合理範圍內。如果衝突發生了，要善於克制、忍讓。

忍在任何關係中都是不可缺少的

「忍」是心上一把刀，有誰情願在刀下生活，折磨自己，整天提心吊膽地過日子？但是，實際生活、工作中，不管你喜歡不喜歡，情願不情願，客觀環境就要求你忍，不忍不行，哪怕如刀刺心，你也必須忍。「忍之須臾乃全汝軀」，能忍則安，全身遠禍。

孔子說：「小不忍則亂大謀」，因一時意氣遭災惹禍、身敗名裂的事例是很多的。所以無論從公、從私，忍在很大意義上就是客觀條件對人類的制約，而且是一種高度文明的、秩序化的制約。

春秋晚期越國的國君越王勾踐，越王允常之子，西元前四六五年繼位，長達三十二年，他是春秋時期最後的一位霸主。

勾踐即位時，鄰國吳國的國君是闔閭。

兩家長年積怨，闔閭趁越國有喪事之機，興兵討越。混戰中，越軍射死了吳王，加深了雙方的仇恨。夫差繼位後，發誓要報越國殺父之仇。西元前四九四年，在吳越夫椒戰鬥中，勾踐被他們打敗了，同時被他們困在會稽山。

勾踐雖然打了敗仗，但他聽取了臣下范蠡和文仲的意見，答應他們卑辭向吳國求和，等待時機一到再圖大業。文仲透過吳臣伯嚭說服吳王接受了越國的求和，勾踐夫婦入吳為奴，在闔閭墓旁的石室裡餵養馬匹。他們小心翼翼地侍候著吳王，對他也是百依百順，忍饑受凍，他們也絲毫沒有什麼怨言。就這樣整整過了三年，吳王終於相信他們是真的已臣服了，於是決定放他們回他們的國家。

回到了越國以後，勾踐再次遷都會稽，重修政制，用極快的速度復興自己的國家。他尊賢禮士，敬老恤貧，以百姓為念。為了牢記亡國之痛、石室之辱，不讓舒適的生活消磨了意志，他撤下錦繡做成的被子，鋪上柴草褥，吃飯時先嘗一口懸在床頭的苦膽，給後人留下了臥薪嚐膽的成語。後來他又頒布了一系列法令，發展生產，增加人口，減緩刑罰，輕徭薄賦，博取了軍民的愛戴之心。他命令國中男女入山採葛，趕織黃絲細布獻給吳王，表示自己的忠順，用來麻痹對方。而這一招也很有效，吳王一時高興增加了越國的地界，從而也放鬆了對勾踐的警惕，他認為勾踐是真的屈服於他了。

勾踐與君臣們心連心，大家共同努力，發憤圖強，國勢也不斷地強大起來，而吳國呢？卻一天天走向衰敗。經過了近十年的耐心等待，西元前四八二年，勾踐趁吳王發兵北征之機，發動了復仇戰爭，越國大獲全勝。但考慮到吳國實力猶存，勾踐答應了伯嚭的求和之請。西元前四七五年，越軍攻打姑蘇城，圍了兩年以後，最終攻下了這座城，夫差逃至姑蘇山。歷史驚人地重演了，這一次品嘗勝利滋味的是越王勾踐。夫差當時就自殺了，越國從而吞併了吳國。因此，勾踐成為春秋末年政壇上顯赫一時的風雲人物。

忍是中華民族的一種美德，是一種高尚的情操，也是儒家文化提倡的精神。忍耐的態度，通常是由家庭生活學來的。一人要忍耐，必先把脾氣練好，脾氣好就能忍耐下去。家庭的生活賦予我們練習忍耐的機會，因為在家庭中，子忍其父，弟忍其兄，妹忍其姊，侄忍其叔，婦忍其姑，妯娌忍其妯娌，自然成為多代同堂團圓局面。

這種日常生活磨練影響之大，是不可忽略的。以前唐朝的張公藝九代同堂，唐高宗到他家問訣竅。張公藝只請紙連寫一百個「忍」字。這是張公藝的幽默，是對大家庭制度最深刻的批評。後人不察，反拿百忍當傳家寶訓。自然這也有道理。其原因是人口太多，聚在一起，若不相容，就無法安身，在家在國，同一道理。能這樣相忍為家者，自然也能相安為國。

在現代或者是將來，「忍」對於成功都有著極其可貴的作用。無論是對於個人還是團體，「忍」都是必不可少的。

忍是一種能力，是一種素質，也是一種修養。同時，忍在人與人之間也是不可缺少的，人有了忍耐，複雜的事情就覺得簡單化了。正如常人說：大事化小，小事化無，這也就是忍的結果。

忍是一種智者的選擇，只有忍住了暫時的種種不利才有可能達到成功的巔峰，所以說忍是一種超越坎坷的力量。

忍讓絕對不是認輸

在現實生活中，我們一定要清楚地認識到，生活是不可能一帆風順的，它是充滿了坎坷的。生活一旦出現問題，大多數人開始時不是一籌莫展，把自己搞得焦頭爛額，就是硬往前撞，哪管他三七二十一，死了也悲壯。這固然表明一個人的勇氣和自信，但往往會適得其反，事情會扯不清理更亂。而毫無價值的犧牲，最終受害的是自己。我們每逢遇到類似的難題時，應該忍。

遇到窘境時低一低頭，不代表我們沒有骨氣，韜光養晦，忍一時之辱是為了日後更加有力地出手一擊。

不能忍的情形常常是不得不更加忍。因為你不忍，結果禍事發生，於是自己也就不得不再雪上加霜，情況更糟不得不更去忍。這是非常可悲的情形，人生常常因此更加悲慘，命運因之更加坎坷。

在人生路上，不忍之禍常常有這麼幾種情況，我們應小心應付。

1、隱藏鋒芒避免為他人所利用

從古至今，「聰明」皆為世人所嚮往。歷朝歷代，堪稱聰明的人數不勝數。聰明者若善用之，上可安邦定國，下可家和事興；若用之不善，輕則有鄰里失和，敗家之虞，重則有喪命亡國之憂。熟悉《三國演義》的人大多知道曹操手下有位掌庫主簿楊修，乃是朝廷太尉楊彪之子，字德祖，博學，聰明，而且有能言善辯的好口才。他本應成為國家之棟樑、安邦之良臣，可惜卻誤投生性多疑的曹操門下，並數犯曹操禁忌，終招大禍。

究其因，皆由其為人恃才放曠，不知善用聰明，反為聰明所累才招來殺身之禍。

古語有云：「帆只揚五分，船便安；水只注五分，器便穩。」從古人的例子不難悟出：過於鋒芒畢露，不知謙遜者終將自取其咎。可惜的是，楊修雖堪稱聰明人，卻未明白「槍打出頭鳥」的道理，落得英年早逝的下場。只是不知道，臨死前的楊修可否頓悟？

另外，一代名將——淮陰侯韓信，不論是帶兵作戰還是軍事謀略方面的才能皆在其主劉邦之上，勇冠三軍，威震四野，本應福至九族，蔭及子孫，只可惜聰明人卻未明匿彩之道，不僅以勇略震主，更以功勞謀權謀利，終招致誅滅三族之災，釀成自己的人生悲劇。試想，韓信若能將「雪忿不若忍恥之為高」貫徹落實至終，又豈會到此地步？

古人的例子離我們都已太過久遠，歷史的長河中卻仍然還閃耀著他們的光輝，他們的功過是非早已有人評說。歷史的記錄是給我們以警示，讓後來的「聰明人」不要再重蹈覆轍，留下新的遺憾和悔恨。可是，在現實生活中這樣的人實在數不勝數。君不見那些有著八分或十分才能與聰慧的人，往往會十二分地表露出來，他們精力充沛，熱情高漲，銳氣逼人，自視頗高。常常不留餘地地待人處世，鋒芒畢露間卻處處碰壁而歸，在人生之途屢屢受挫。聰明人何以反被聰明所誤，實值得才華出眾者深思。

2、錢財永遠不會比親情重要

為爭權勢不念君臣、父子之情者古已有之，為貪錢財不念手足之情者亦是大有人在，但天網恢恢，疏而不漏，終將得到應有的懲罰。

清朝嘉慶年間，江西南昌有一對同父異母的兄弟——哥哥鄧世麒，弟弟鄧世麟，父親早亡，哥哥鄧世麒便擔負起了繼母與比他小十多歲的弟弟的生活。

鄧世麒在湖北武昌經商，生意不錯，便將賺到的錢寄回家中供弟弟讀書和母子倆人的生活之需。自己卻長年在外，無暇分身回家。後來便在武昌成了家，可惜妻子病故了，也沒有留下一子半女。孤身一人的鄧世麒沒有再娶，只是不斷地寄錢回家。

弟弟鄧世麟在哥哥的資助下考中了秀才，又娶妻生子，日子過得很富裕。哥哥見弟弟已長大成人，便要他將自己寄回的錢在家廣置田產屋肆，以便葉落歸根時有經濟來源和落腳之地。

一晃二十多年過去了，鄧世麒已是快六十歲的人了，一次生意失利，再加上年老體弱，自己身邊又沒有一個人照顧，便萌生了回南昌老家安度晚年的念頭。

待他回得家來，不料卻吃了個閉門羹。原來是他那同父異母的兄弟見他年紀老了，生意又虧了本，覺得是個包袱，便閉門不納。鄧世麒萬萬沒有想到自己關懷備至的弟弟竟是如此地忘恩負義，與之理論，反被弟弟一口咬定家中的一切財產均是自己經商所得，哥哥雖在外經商，卻從未寄回過半文錢。傷心氣極的鄧世麒迫不得已只好將之告到官府，孰料南昌縣知縣在審理時，看見田地房產的契約是鄧世麟的名字，便判定哥哥鄧世麒敗訴了。

含冤莫辯的鄧世麒在無可奈何之際只好將自己回家時帶著的少許積蓄拿出來，準備回武昌重整旗鼓，解脫困境。不料，運氣不好，在自己經商幾十年的武昌又栽了個跟頭，生意再次失利。鄧世麒萬念俱灰，跳進了江水中想了此殘生。

命不該絕的鄧世麒恍恍惚惚醒轉時，已躺在了一打魚老翁的船上。老漁翁救了他。當老漁翁問他為何這把年紀了還要輕生時，鄧世麒不由悲從中來，將自己的遭遇說與了老翁聽。

老漁翁也為之憤憤不平，說：「我們這裡的張總督最痛恨的就是不仁不義之人，已為好幾件冤案平了反，殺了一些惡霸，你去他那裡告狀，或許能行。」

鄧世麒聽從了老漁翁的建議，請人寫好了一張狀紙後，便來到了總督衙門外等候。一直等了三天，到第四天時才見總督出來，於是不顧一切地走到街心跪下，頭頂冤狀大喊：「冤枉啊！請總督大人為小民申冤！」

當時的總督姓張名百齡，字菊溪，進士出身，聽到喊聲後，叫人帶將過來，問了幾句便收下狀紙，讓鄧世麒回去等候傳訊。

張百齡看完狀紙不禁拍案而起，立即提筆寫下「欺兄霸產，天理難容」八個字，連夜派人送往武昌知府程治平處，要求迅速查辦，三日內回報。

程治平不敢怠慢，立即傳來鄧世麒詳細詢問，但這件不屬自己轄區內的案子使程治平大傷腦筋，只好如實回報張百齡。

面對這件棘手的案子，張百齡沉吟了一會，問程治平：「你近來辦了什麼大案沒有？」得知破獲了一起江洋大盜案之後，心生一計，便對程治平說：「你回去找其中一位罪情較輕而坦白態度又較好的人，只要讓他招認沒有追回的贓物是存放在江西南昌鄧世麟家中，就可以將『斬立決』改為『斬監候』，再將供狀送到我這裡來。」

程治平依言行事。張百齡馬上辦好一份公文：「南昌鄧世麟係盜夥之一，坐地分贓，理應捉拿來武昌，一併處理。」讓手下送往兩江總督衙門。

鄧世麟就這樣被帶到了武昌，在張百齡的巧妙安排之下，為辯明自己不是盜夥之一，只好如實說出家中所有財產均是其兄在外經商寄錢回來置辦的。當他具結畫押後，張百齡傳來了鄧世麒，鄧世麟一見哥哥上堂後方知自己中了計，可已悔之晚矣。滿臉羞愧的他只得聽從張百齡的發落。

最後，鄧世麟雖免予追究參加盜夥坐地分贓之罪，但卻被革去了秀才資格，另重責四十大板，所有家中田產房屋，悉數歸還鄧世麒。

為一貪念，鄧世麟不僅置年老體弱的兄長於不顧，還陰謀設計霸占對自己疼愛有加的兄長的財產，實乃天理難容，人情難容，何異於禽獸？最終，只是得到一世的罵名與自己良心的譴責。

正如曹植對其兄曹丕所作的一首五言詩中說的那樣：「煮豆燃豆萁，豆在釜中泣。本是同根生，相煎何太急！」即使是親同手足，相互間也必須要學會忍，忍權勢之貪，忍財帛之貪，忍名分之貪，方是做人的根本。否則，如禽獸，又何言自然界之精靈？又何言主宰萬物？

3、傲慢無禮是失敗的前兆

建安五年，曹操與袁紹正相峙於官渡，原是袁術手下部將的孫策經過幾年的艱苦奮戰，此時已占據了江東的一大片土地。尚未滿足的孫策見曹、袁二人分身乏術，便有心揮師渡江北上，乘機襲擊曹操的老巢許昌，擴充自己的地盤。

曹操聞訊後深感憂慮，若放棄目前興師征討袁紹的大好時機，來日勢必需耗費更多更大的財力、物力、精力，頗為得不償失，但如果讓能征善戰、素有「小霸王」之稱的孫策乘虛攻占了自己的根基之地許昌，則亦將動搖自己根本，必將大失元氣。

進退維谷的曹操為此舉棋不定，寢食難安。

這時，曹操的一舉一動盡入身邊謀士郭嘉的眼中，他已洞悉曹操的心思。只見郭嘉站出來替曹操分析說：「孫策雖削平了江東五郡，占據了不小的地方，死在他手上的江東豪傑也不少。只不過是他身邊有幾位被他籠絡住了願為他拚死效力之人。但孫策素來為人張狂，有其致命的弱點，處事不穩重，又沒有太多戒心，故而眼下雖擁有十萬士兵，亦如一個在曠野中行走的獨行者，不足慮也。另因他攻城掠地，兼併群雄，其仇家可謂多矣，故我料定孫策必死於匹夫之手。」

曹操聽罷方解心中所慮，堅定了平定袁紹的決心，不曾班師回救許昌。

孫策也正如郭嘉所言，平日為人處事不知隱忍自己的倡狂之心，倡狂之態，以致引起手下人的怨恨，終於令自己在行兵北上的前夕被昔日吳郡太守許貢的食客刺殺身亡，導致功敗垂成，遺恨而終。

驕傲乃涉世為人之大忌，上至王侯將相，下至平民百姓，若存一分驕傲之心，必招禍患。如果不能忍一忍，終有一天會招來禍端，那時悔之晚矣。

故而《王陽明全集》中有這樣的話：「今人病痛，大抵只是傲。千罪百惡，皆從傲上來。

傲則自高自是，不肯屈下人。故為子而傲必不能孝，為弟而傲必不能悌，為臣而傲必不能忠。」

一個人涉身處世若不能看到別人的長處，輕視別人，則會驕傲自大，傲慢無禮，自以為是，而這些正是失敗、死亡到來的前兆。驕傲是個人修養的大敵，有了驕心便不可能忍，不可能聽進他人的忠言，不能躬身自省，不能擺脫俗情，消除物累。

4、說話要謹慎

言多必失，滔滔不絕地講話自然會牽涉到對諸多事物的看法、見解，對他人的好惡、愛憎等，從而暴露出許多的問題，不是被人抓住把柄，懷恨在心，伺機報復，就是被人傳話時曲解其意，增加不必要的誤解、隔閡，徒添煩惱。

故而早有古人指出：「恂恂，便便，侃侃，誾誾，忠信篤敬，盍書諸神；訥為君子，寡為吉人。亂之所生也，則言語以為階，口三五之門，禍由此而來。《書》有起羞之戒，《詩》有出言之悔，天有卷舌之星，人有緘口之銘。白珪之玷尚可磨，斯言之玷不可為。齒頰一動，千駟莫追。」

恂恂，誠實不欺；便便，明白流暢而善辯；侃侃，剛強正直；誾誾，和顏悅色而爽直。古人認為做人就應該忠誠老實，行事必須忠厚嚴肅，謙恭，始終如一。只有這樣才能全身利事，保護自己於人世之中。

南北朝時晉國有位大將賀若敦，多次榮立戰功，便不甘心屈居同僚之下，總想做大將軍，當見到同僚晉升時，他心中便頗不服氣，久而久之，抱怨、憤恨之情就溢於言辭。後來，當他又一次打了勝仗、凱旋而歸時，自以為立了大功必定會得到封賞、晉升，孰料事與願違，非但沒有加官晉爵，反而丟掉了原有的官職。這次，賀若敦再也忍不住心中的不滿與失望，將怨氣、憤怒全撒向了傳令吏。

傳令吏為此很不高興，便報告給了晉公宇文護。晉公聽後大為生氣，於是下令讓已被貶為中州刺史的賀若敦自盡。死到臨頭的賀若敦這才意識到自己的嘴為自己招來了大禍。賀若敦為了讓兒子記住自己的教訓，臨死前拿起錐子刺破了兒子賀若弼的舌頭。可是，自己的性命卻再也救不回來了。

日子如流水般逝去。賀若敦的兒子賀若弼又做到了隋朝的右領大將軍。幾十年的時間沖淡了父親的遺訓，賀若弼忘記了錐舌之痛，常常為自己沒有當上宰相而怨言不斷。他開始犯與父親賀若敦相同的錯誤：忍不下別人的職位高於自己的現實。

歷史在重演。當原本職位在賀若弼之下的楊素被晉升為尚書右僕射，而他仍為將軍時，他也像其父一樣大發怨言，無法隱忍心中的不滿情緒。

賀若弼為此被捕下獄，也遭到了隋文帝的責備：「你這人有三大過：一是嫉妒心；二是自以為是，以為別人不是；三是目無長官，隨口胡說。」不久，隋文帝念他有功，沒有深究，也就把他放了出來。

被放出來後的賀若弼卻沒有吸取父親與自己這次的教訓。不思悔改，又到處宣揚自己與太子楊勇之間的關係，以此來抬高自己的身價。不知不覺中，賀若弼一步步地將自己推向了死地。

不久，楊廣取代失勢的楊勇成為了皇太子，賀若弼自然也失去了炫耀的本錢與仰仗的靠山。這時，隋文帝再次召來賀若弼，責問他平日不滿宰相高熲、楊素，言外之意是不是認為皇帝也是廢物？賀若弼承認自己是說過高熲、楊素不適做宰相的話。朝中的許多公卿大臣見賀若弼被問罪，受過氣的或怕受株連的均紛紛揭發他過去說過的那些不利於朝廷的話，聲稱其罪已當死，要求處罰他，以解往日之恨或借此擺脫關係。

牆倒眾人推，此時的賀若弼再無往日的盛氣，也不再攻擊別人，只求隋文帝能留他一條性命。後來，雖保得性命，卻被貶為庶人了。

像賀氏父子這樣不假思索地大發怨言，想求榮華富貴卻反使其如過眼雲煙般從自己手中溜走，後悔已是不及。所以世人當謹記：言多必失。

5、別讓口腹之欲害了你

嘴的主要功能除了用來說話以外，就是吃喝了。因以「多言」會惹禍，貪吃亦可招災，輕則吃虧上當，重則喪命辱國，不可不慎也。

古人言：「飲食，人之大欲。未得飲食之正者，以飢渴之害於口腹。人能無以口腹為心害，則可以立身而遠辱。」

宋、鄭兩國交戰，一次宋國大將華元為犒賞士兵，就殺了一些羊。可是在分給士兵們吃時，不小心將自己的車夫羊斟遺忘了，於是車夫羊斟便認為華元看不起他、輕視他，由此懷恨在心。等到交戰時，車夫羊斟為發洩心中的怨氣，就對華元說：「以前吃羊時，都是由你做主；今天則是由我做主了。」說完駕著車進入了鄭國軍隊中，讓鄭軍捕獲了華元，宋國也因此被打敗了。作為大將的華元固然有其疏漏之處，但羊斟僅僅因為沒有得羊羹就置國家利益於不顧，伺機報仇洩恨，實乃小人行徑、小人胸襟也。

宣公四年，鄭靈公得到楚國進獻的兩隻龜，正當廚師在處理龜的時候，被剛進宮的子家和子公看見，兩人相視而笑。

原來，在他們準備進宮見靈公前，子公的食指動了一下，他便對子家說：「只要我的食指哪天動了，那天就有美味吃。」子家本不信，剛才那一幕落入眼中，便相信了。靈公見二人神情有些古怪，問其原因，子家就告訴了他。

鄭靈公聽子家說完後，覺得好玩，有心想逗弄一下子公。於是，等到吃龜的時候，靈公卻不讓子公吃。一下子，子公就被激怒了，認為這是靈公在侮辱自己，便不管三七二十一地強行用手指沾了一點湯來嚐。鄭靈公見此很生氣，覺得子公膽子太大了，簡直是在犯上，就想將子公殺掉。

然而，早有殺君之心的子公卻先下手為強，以此為藉口聯合子家殺了鄭靈公。由此導致一位君王的倒下、一個國家的滅亡，可謂因口不忍而招致的最大、最嚴重的禍患了。

故而《食箴》中曾有：「羊羹不及，華元受其謀；黿羹不均，子家肆其禍。」之語，講的就是上面的事情。民以食為天。食本是生存的基本條件，但人活一世，卻並非只為吃喝而來。

6、面對「色」，絕對要謹慎

孔子曰：「食色，性也。」大可不必因噎廢食，談色色變，但也不能因此而恣意縱情，貪戀美色甚或荒淫無度，沉溺其中。

古往今來，不知有多少王侯將相的前程斷送在了聲色之中，甚至葬送自己乃至一家老小的性命。愛美之心人皆有之。喜怒哀樂惡愛慾雖是人類弗學而能的天性，但我們卻不能為此而放縱無度，不加節制。

夏朝的君主桀對自己的寵妃妺喜可謂是言聽計從，不惜用盡財力、人力建造瓊宮瑤臺來取悅妺喜，漸漸地朝政荒廢，民心渙散，給了湯以可乘之機，為自己招來了殺身之禍。沉溺於女色的桀肆意胡為的結果雖得了一時之歡，卻導致了國家的滅亡，真是得不償失呀。

唐玄宗為了取悅楊貴妃，不惜派人專程從南方馬不停蹄地運來貴妃愛吃的新鮮荔枝。有詩為證：「長安回望繡成堆，山頂千門次第開。一騎紅塵妃子笑，無人知是荔枝來。」天寶十四年，「安史之亂」導致唐都長安陷落。「開元盛世」就在妃子的笑聲中日漸衰敗，因玄宗迷戀美色而走向了末日。

色，一個個深刻的教訓來自於人性的弱點，來自於不能忍誘惑、忍貪念，終於毀掉了自身的修養，疏遠了自己從事的事業，損人又不利己，到頭來只落得個人財兩空，竹籃打水一場空，枉自嘆息而已。

人們常說：忍字頭上一把刀，而色字頭上的那把刀，也是把殺人不見血的刀，是歷久彌堅的一把刀，是需要以才智、理智、修養時時提防的一把刀。

在同為不利的情況下，相反地，有些人採取了比較聰明的方法——那就是忍，並且他們也因之獲得了命運的轉機，重新贏得了人生。這就是忍之福。

1、月盈則虧，水滿則溢

「撲滿」，是人們小時候用來存錢的容器。它有一個小孔，只能放進，卻不能取出。當裡面裝滿錢幣的時候，必須將它敲碎。

想來，人是不希望自己遭此噩運的，但是否效法「撲滿」，以為腹內空空，腦內空空就能保全自身完好無損呢？不是的，躋身紛繁塵世，只有領先自己的言行遵循「愚」、「讓」、「怯」、「謙」的教誨方可避禍趨福。

在適當的時候學會忍讓，便可避免許多大災禍，讓我們「逢凶化吉，遇難呈祥」。有了成就、得了權勢和地位的人大多會受到別人的猜忌，於是有些人總喜歡避諱，將自己的短處掩蓋起來，可唐朝名將郭子儀卻反其道而行之。

郭子儀是唐朝中期的傑出將領，因戰績顯赫被封為汾陽王，王府蓋在長安的親仁里，幾乎占了親仁里的四分之一，家中有三十多人進進出出。就是這樣一個豪華、顯赫的府邸，作為一家之主的郭子儀卻沒有讓它警衛森嚴，而是敞開府門，任人進出，百無禁忌。

一天，郭子儀手下的一名將官因調任外地特來辭行，由於知道郭府不需通報便徑直走進了內宅。剛巧，身為王爺的郭子儀正在為夫人和一愛女梳妝打扮幫忙，一會兒端水，一會兒遞手巾，一會兒拿鏡子，其樂融融的景象令人羨慕。本來若是在尋常百姓家便也不以為奇，可這在王府中就讓人覺得那是奴僕們做的事。

這位將官回去便將此事當做稀奇事一樣講給了自己的家人聽。於是一傳十、十傳百地傳遍了整個京城，大家在茶餘飯後談論著，當做笑話般。

寬大仁厚的郭子儀沒將此事放在心上，可他的兒子們卻覺得有失體面。於是相約找到父親，要他關上大門，像別的王府一樣不准閒雜人等隨便出入，並說：「父親，普天下的人都因您功業顯赫而尊敬您，您也應該自己尊敬自己，不要讓人隨便進出王府內宅，就是商朝的伊尹、漢朝的霍光也沒有像您這樣做呀！」

郭子儀聽完兒子們的訴說不禁哈哈大笑起來，讓跪著的兒子們起身後便收斂了笑容說：「孩子們，我這樣做不是圖慕虛名，而是為了保住我們的身家性命啊！」

此話讓孩子們一頭霧水，忙問其緣由。

郭子儀長嘆了一聲，語重心長地說：「我如今爵封汾陽王，作為人臣已是一人之下萬人之上了。往前走，再沒有更大的富貴可求。你們現在還太年輕，只看到我們郭家的顯要聲勢，卻不知這顯赫背後已是危機四伏。月盈則虧，盛極而衰，按理我應急流勇退才是萬全之策，可如今朝廷要用我，皇上怎麼會讓我解甲歸田、退隱山林？再者，我們郭家上上下下有三十餘口人，到哪兒去找能容納這麼多人的隱居地？在這進退兩難的境況中，如果我再將府門緊閉，與外界隔閡，如果與我有仇怨的人誣告我們對朝廷不忠，則必然會引起皇上的猜忌，若再有妒賢嫉能之輩添油加醋，落井下石，則我們郭家一門九族就性命不保，死無葬身之地了。」

兒子們這才明白了父親的良苦用心，再也不提關閉大門的事了。

身為四朝重臣的郭子儀可謂是功高蓋世，可他卻明白「聰明聖知，守之以愚；功被天下，守之以讓；勇力撫世，守之以怯」的道理，並身體力行，方能全身而終，蔭及子孫，澤被後代。不爭一時之榮辱，不爭一事之勝負，郭子儀明白產生災禍的原因，知道該如何消災免禍，並善於忍受恩寵與幸運，實在是智者之忍呀。

2、致力於累積實力

中華文化講究厚重的積澱，輕巧、詭道，雖然在軍政謀略中推崇詭道、奇計，但其莫不是從「正道」中演化而來。正如此，在眾多教益人的典籍中，也透出此種思想，總教人辛勤治學，勵精圖治。大凡功成名就之人，都有「精誠所至，金石為開」的精神，最主要的還有「正心、誠意、修身、養性、齊家、治國、平天下」的過程。厚積薄發講的也就是這個道理，看似輕鬆自如的言語行動卻來自於深厚的積澱。

我們可以在媒體上或生活中看到，某位畫家熟練地揮動畫筆，佳作很快躍然紙上；某位作家坐於一隅，美文頃刻間流瀉；某位鉅賈前往談判，很快就滿載而歸……於是大發感慨，殊不知在這些背後的艱苦付出，正所謂「十年寒窗無人問」。

當別人在欣賞世界盃時，他們在燈下苦讀；當別人觥斛交錯時，他們在苦思冥想。他們的成功不是投機而來，而是歷經積澱的「正」道，是瓜熟蒂落、水到渠成。

厚積是求取各類知識與經驗的過程，在這一過程中，不但要忍受各類休閒娛樂的誘惑，甚至還要忍受許多飢餓和寒冷以及親人離別之苦。

宋朝太傅胡翼之早年在泰山攻讀；一去就是十年，收到家信若看有「家中平安」內容即不再讀下去了。在這一過程中，有時還要忍受皮肉之苦。因而有人說：「罷了，罷了，這樣辛苦我還是馬上去做生意好了。」我們再來淺談做生意吧。

市場調查是第一步，你要從事某一行業對此行的資訊不可不查，於是，消費者調查、產品使用者調查、口碑調查，一大堆問題、說法擺在你面前，然後是辦公地址的選擇，資金、管理、客戶。你沒有掌握這些知識經驗多半是「凶多吉少」，於是你又打退堂鼓嗎？

這時我就要反問：「你究竟想做什麼？」即使不創業，也要生存，你的知識技能能否適應社會呢？即使能，也是暫時的，一切都在發展，一切都在進步，你駐足不前，必被淘汰出局，那麼同樣要去不斷學習，同樣去忍受辛苦。

厚積，是苦樂之忍，人生有苦有樂，先苦是為了後甜。厚積需要既能忍苦又能忍樂的精神。既要忍受求取知識、技巧，獲取經驗的辛苦，又要忍得吃喝玩樂的誘惑。你謹記這兩個字就會感到學無止境，因此也就在現實中從嚴要求自己不會為一時之成就懶散自己。如果一位畫家功成名就之後就放下畫筆去鑽研理論或從此賦閒，以後他就不可能畫出佳作。而一教師或理論家、一位作家不再筆耕，不再探索和思考，那他也就寫不出什麼感人的作品了，厚積是不能停止的。

厚積薄發是為了展現自己，講究執著，許多人經過數年艱辛努力終無所獲便改弦易轍或澈底放棄，如果澈底放棄則前面所有的努力等於白費，不執著就會去重蹈覆轍，因此厚積還要能忍受失敗的痛苦。

厚積是一種基礎，有了堅實的基礎便可上可下，可左可右，可大可小，有了這一基礎之後就要小心呵護，不可因貪圖一時之利而放棄，凡事應能忍受誘惑，應按自己的實力與目標前進，所有的應變靈活性應建立在自己的基礎之上。厚積包含硬體和軟體兩部分，硬體指自身學業資歷的修煉，軟體則指社會關係及資本。你要忍過流言、白眼、誤解，去廣交朋友，忍過清苦去累積資本，能忍虛驕之氣，然後去蕪存菁地吸取養分，待到羽翼豐滿，振翅高飛，一舉成名天下聞。

3、把眼光放遠

世間有許多事都不能盡如人願，就像一個有才能的人不可能總是得志，但也不會一生都沒有施展才華的機會。《墨子．尚賢士》也曾說：「官無常貴，而民無終賤。有能則舉之，無能則下之。」

縱觀歷史上許多著名人物，因能忍、善忍而終得以成大事者為數實在不少，像輔佐周武王滅商、人稱姜太公的姜尚即是典型的一例。

說起姜太公，大家都比較熟悉，是商末周初人。原為貴族的家道已中落，年輕時的姜尚只是一介貧民，而且為了維持生計的他還不得不去做一些小生意。經商的姜尚可謂霉運當頭，無論是賣肉，還是販酒，都破了產，連老婆也離他而去。不過，年輕的姜尚並未因此而頹廢沮喪，甘於平庸，相反，每日得為衣食奔波的他胸懷大志，堅持不懈地閱覽群書，研究、探尋治國興邦之法，以期有朝一日能施展自己的才華與抱負。

日復一日，年復一年，姜尚已是黑髮變白髮，卻仍報國無門，此時的商朝在紂王的統治下，已經日暮西山，逐漸呈現出了滅亡的景象。姜尚不願以自己的才能去幫助荒淫無道的商紂王繼續殘害百姓，他要等待，等待一位仁義、聖明之君，於是這一等便是幾十年。

已至垂暮之年的姜尚仍壯志不已，得知周王在廣招賢士仁人，便離開商都朝歌來到了西周境內的潘溪，每日垂釣，以待時機。求賢若渴的周文王早就聽說過姜尚的聲名，得知其在潘溪，便趕來與之相見。這一見就談得很是投機，均有相見恨晚之意。周文王於是親自將姜尚扶上車，並立即拜為太師。

周王朝的建立，姜尚功不可沒，而姜尚之所以能夠輔佐周文王，靠的全是他的那股堅定的意志，超人的勇氣和智慧，忍受幾十年的艱苦生活，以長遠的目光看待自己目前的處境，以平常之心待之；忍受幾十年懷才不遇，無處施展抱負的痛苦和磨難，不墜青雲之志，不隨波逐流，不助紂為虐，方能成就此番大業，名垂青史，萬古流芳。

同樣的，許多人在逆境中總是能不折不撓地奮爭，在順境中卻因貪一時之歡暢或蠅頭小利迷失了自己。特別是幾個人共同創業，逆境中相扶相攜，使之漸成基業，但當基業在迅速膨脹之時，忍不住自己的貪欲，或貪名、或貪利、或貪獨自發展，而演出「分家」的悲劇。

要創建事業，須胸懷全局，不可因小事損大事，因局部誤整體，這又要求追求者應能忍受意見分歧。不論是經營企業還是經營人生都要有高遠的目標，時時事事都圍繞其服務，這樣，便不會為細枝末節所干擾。

有了從長計議的思想，忍讓便能「更上一層樓」。

4、身正不怕影子斜

一個人生活在世上，若能不存私心，不挾私念，正直、誠懇地待人，公正、嚴明地處事，則自會福星高照，當災禍降臨時化險為夷。但作為一名決策者時，更重要的是應該忍住猜忌之心，不偏聽偏信，行事待人皆須光明磊落，冷靜地思考、分析明辨是非曲直，方可滅小人的威風和邪惡之氣。

漢昭帝繼位時還是一位只會撒嬌、貪玩的孩童，於是漢武帝在去世時將昭帝託付給了朝中大臣霍光、上官桀和桑弘羊等人。又因霍光官至大將軍、大司馬，是幾人之中地位最高的，故而朝廷大權均在霍光的手中。

為此，霍光招來了上官桀、桑弘羊以及昭帝的姐姐蓋長公主的嫉妒，再加上霍光因為一心為國、忠心不二地輔佐著小皇帝，將國家治理得國泰民安，聲譽不斷地提高，更使得那些嫉妒他的人恨得牙癢癢，勾結了昭帝的哥哥（想當皇帝卻沒有當上的燕王劉旦），密謀設計除掉霍光。

一晃時間就過了好幾年，漢昭帝已經十四歲了，桑弘羊等人終於抓住了一個機會——趁霍光休假之時，派人冒充燕王劉旦的使者拿著一封偽造的書信去見昭帝。信中說：「身為大將軍的霍光在檢閱御林軍時擺的是皇上專用的儀仗，吃的是皇上才能享用的飯菜，而且未經皇上的批准，便擅自增調武官封大將軍府，其耀武揚威、獨斷專行實乃目無法度，根本未將皇上您放在眼裡！臣擔心霍光圖謀不軌，犯上作亂，對皇上、對社會不利。因此臣願辭去王位，到宮中來保衛皇上的安全。」此時如果昭帝有一絲絲的猜忌之心，霍光則將大難臨頭了。

上官桀、桑弘羊等人早已做好了一切準備，只要昭帝有一點動靜，就會逮捕霍光。

可是，一直等到霍光休完假來上朝了昭帝也沒有什麼動作。但霍光卻在上朝前聽說了這件事，就沒有上殿只等昭帝的發落。昭帝在殿前沒有見著霍光便叫人去請，霍光只得摘掉自己的帽子向皇上請罪。誰知昭帝卻讓他戴好帽子並說：「大將軍沒有罪，我知道那封信是別人誣陷的。」眾大臣均十分地納悶，皇上沒做任何調查，沒問任何人，又怎知那封信是假的呢？

昭帝見眾人疑惑的神情，便開口解釋道：「大將軍檢閱御林軍以及增調校尉都是最近的事，在不到十天的時間裡，遠在北方的燕王怎麼可能知道？再說了，將軍要耍陰謀也用不著校尉。故而這件事是有人在搞鬼，如果你們不信，只需去問問送信人還在不在就行了。」果然，當左右去找那位送信之人時，送信人早已不見了蹤影。

桑弘羊等人怕事情暴露，連忙勸住要下令捉拿送信人的漢昭帝，不必追究這件事情了。從此，年輕的漢昭帝對霍光更加信賴。不久後，上官桀、桑弘羊等人又設計準備刺殺霍光，但陰謀尚未實施，就被已發覺他們圖謀不軌的漢昭帝和霍光治了罪，殺了頭，劉旦與蓋長公主見大勢已去也跟著自殺了。

霍光身正不怕影子斜，以坦蕩、光明磊落的胸襟和言行獲得了昭帝的尊敬和百姓的愛戴；年輕的漢昭帝也沒有憑一封捏造的信件就無端猜忌、懷疑忠心耿耿的大將軍，反而憑藉清醒的頭腦和冷靜的分析判別是非，發現真正圖謀不軌、有私欲的一幫人，並在必要時刻果斷做出決定，消除了一場內亂，穩定了社稷。

相反，上官桀、桑弘羊一幫人因不能忍受別人的權勢高於自己，陰謀策劃的結果卻導致自己身敗名裂，為求更多的榮華富貴反倒親手葬送了已有的榮華富貴、高官厚祿，真是得不償失，只落得讓人恥笑、唾棄的下場。

人一生中總有遭遇挫折、被人誤解的時候，但只要能心地無私、不爭一時一事之短長，則自然可以處之泰然，腳正不怕鞋歪，對待無妄之災不但要勇於忍受，更要善於忍受，而且還應積極地找出解決問題的關鍵所在，冷靜、妥善地處理，方能化險為夷，轉禍為福。

如果人們每日沉溺於流言蜚語之中，那麼你的情緒會壞到影響你的正常學習和工作。要想不聽這些流言蜚語，就不要去做傷天害理之事，正己身求功名，所謂君子愛財取之有道，唯有如此才不易跌倒。別人不猜疑你，你也不猜疑別人，便省出大量時光治學、奮鬥，精力不被無端耗散，自可有所成。胸襟坦蕩，光明磊落，談吐間自浩曠不已，所行之事自是大手筆。為何？心態使然。

以善意去寬待他人的缺失

在人類的心靈中，寬容不但是做人的美德，也是一種明智的處世原則，是人與人交往的潤滑劑。常有一些所謂厄運，只是因為對他人一時的狹隘和刻薄，而在自己的前進路上自設一塊絆腳石罷了；而一些所謂的幸運，也是因為無意中對他人一時的恩惠和幫助，而拓寬了自己的道路。

寬容猶如冬日正午的陽光，融化了別人心田的冰雪變成潺潺細流。一個不懂得寬容別人的人，會顯得愚蠢，大概也會蒼老得快；一個不懂得對自己寬容的人，會為把生命的弦繃得太緊而傷痕累累，抑或斷裂。

我們生活在一個越來越功利的環境裡，倘若太吝惜自己的私利而不肯為別人讓一步路，這樣的人最終也會無路可走。倘若一味地逞強好勝而不肯接受別人的一絲見解，這樣的人最終會陷入世俗的河流中而無以向前；倘若一再地求全責備而不肯寬容別人的一點瑕疵，這樣的人最終宛如凌空在太高的山頂一樣，會因缺氧而窒息。

曾有位思想家把人比喻為會思考的蘆葦，因為弱小易變，因而情緒的波動，隨時都在改變對事物的正確了解。人非聖賢，就是聖賢也有一時之失，我們何以不能寬容自己和別人的失誤？

寬容並不意味對惡人橫行的遷就和退讓，也非對自私自利的鼓勵和縱容。誰都可能遇到情勢所迫的無奈，無可避免的失誤，考慮欠妥的差錯。所謂寬容就是以善意去寬待有著各種缺點的人們。因其寬廣而容納了狹隘，因其寬廣顯得大度而感人。

在日常生活中，當自己的利益和別人利益發生衝突，友誼和利益不可兼得時，首先要考慮捨利取義，寧願自己吃一點虧。

鄭板橋曾說過：「吃虧是福。」這絕不是阿Q式的精神自慰，而是一生閱歷的高度概括和總結。

《菜根譚》中講：「路徑窄處留一步，與人行；滋味濃時減三分，讓人嗜。此是涉世一極樂法。」可謂深得處世的奧妙。

有這麼一個女人，總喋喋不休地向人們訴說鄰居家的汙穢不堪。有一回，她故意地將一位朋友領到家裡，指著窗外說：「您看那家繩上晾的衣服多髒！」可那位朋友卻悄悄地對她說：「如果你看仔細點兒，我想你能弄明白，髒的不是人家的衣服，而是你自家的窗子。」

其實，我們在同一個藍天下生活，為什麼不學著去寬厚地待人，而是去輕易地指責呢？即使髒的真是鄰家的衣服，我們為什麼不能表示理解和容忍呢？要知道，這樣做不會給我們造成任何損失。努力去愛我們不喜歡的人就是一種不可缺少的寬容。

卡內基說：「如果一般說來你不喜歡人們，有個簡單的方法可以教化這種特性：尋找別人的優點。你一定會找到一些的。」釋迦牟尼說：「以愛對恨，恨自然消失。」試著去愛你不喜歡的人吧，最後你們也會喜歡儘量寬恕和諒解別人。

寬容可以為彼此留後路

一位住在山中茅屋修行的禪師，有一天趁夜色到林中散步，在皎潔的月光下，他突然開悟了。他走回住處，見到自己的茅屋遭到小偷光顧，找不到任何財物的小偷要離開的時候在門口遇見了禪師。原來，禪師怕驚動小偷，一直站在門口等待，他知道小偷一定找不到任何值錢的東西，早就把自己的外衣脫掉拿在手上。

小偷遇見禪師，正感到錯愕的時候，禪師說：「你走老遠的山路來探望我，總不能讓你空手而回呀！夜涼了，你帶著這件衣服走吧！」說著，就把衣服披在小偷身上，小偷不知所措，低著頭溜走了。禪師看著小偷的背影穿過明亮的月光，消失在山林之中，不禁感慨地說：

「可憐的人呀！但願我能送一輪明月給他。」禪師目送小偷走了以後，回到茅屋赤身打坐，他看著窗外的明月，進入空境。

第二天，在陽光溫暖的撫觸下，他從極深的禪室裡睜開眼睛，看到他披在小偷身上的外衣被整齊地疊好，放在門口。禪師非常高興，喃喃地說：「我終於送了他一輪明月！」這就是人心受到感召的力量和改變。

一八六三年一月八日，恩格斯（Friedrich Engels）懷著十分悲痛的心情，把妻子病逝的消息，寫信告訴馬克思（Karl Marx）。過了兩天，他收到了馬克思的回信。信的開頭寫道：「關於瑪麗的噩耗使我感到極為意外，也極為震驚。」接著，筆鋒一轉，就說自己陷於怎樣的困境。往後，也沒有什麼安慰的話。「太不像話了！這麼冷冰冰的態度，哪像二十年的老朋友！」恩格斯看完信，越想越生氣。過了幾天，他給馬克思寫了一封信過去，發了一肚子火，最後乾脆寫上：「那就隨便吧！」

就這樣，他們將近二十年的友誼發生裂痕。看了恩格斯的信，馬克思的心裡像壓了一塊大石頭那樣沉重。他感到自己寫那封信是個大錯，而現在又不是馬上能解釋得清楚的時候。過了十天，他想老朋友冷靜一些了，就寫信認了錯，解釋了情況，表白了自己的心情。坦率和真誠，使友誼的裂痕彌合了，疙瘩解開了。恩格斯在接到馬克思來信之後，以歡快的心情立即回了信。他在信中說：「你最近的這封信已經把前一封信所留下的印象清除了，而且我感到高興的是，我沒有在失去瑪麗的同時，再失去自己最老的和最好的朋友。」

林則徐有一句名言：「海納百川，有容乃大。」與人相處，有一分退讓，就受一分益；吃一分虧，就積一分福。相反，存一分驕，就多一分屈辱；占一分便宜，就招一次災禍。

一個人，對於事業上的失敗，能自認這方面的錯誤，就能讓人感德；在成就時，能讓功於他人，就能讓人感恩。老子說：「事業成功了而不能居功。」不僅讓功要這樣，對待善也要讓善，對待得也要讓得。凡是壞處就歸於自己，好處都歸於他人。他人得到名，我得他這個人；他人得到利，我得到他這個心。二者之間，輕重怎樣？明眼人一看，就知道分寸了。

讓人為上，吃虧是福。所以曾國藩說：「敬以持躬，讓以待。敬就要小心翼翼，事情不分大小，都不敢忽視。讓，就什麼事都留有餘地，有功不獨居，有錯不推諉，念念不忘這兩句話，就能長期履行大任，福祚無量。」

現實生活中，人們之間的相處，不能沒有交往。有交往，就必須有個準則，使大家共同遵守，才不至於亂了分寸，這就是對待人的道理。有時我們如果以寬容的心境和幽默的態度對待他人有意或無意施加的羞辱和難堪，往往可以從消極的情緒中解脫出來，免得事態惡性發展。

當我們心胸開朗、神情自若時，對於那些蠅營狗苟、一副小家子氣的人，就會覺得他們表演得實在可笑。善於自嘲的人心裡就踏實，自尊心不會輕易受到傷害。你說我傻瓜，我說謝謝你的讚譽，你還能說什麼呢？自嘲不是一種自貶或怯弱，而是一種瀟灑的自尊，大度的情懷。

蘇東坡的《河豚魚說》記錄了這樣一個故事。南方的河裡有一條豚魚，游到一座橋下，撞到了橋柱上。它不怪自己不小心，也不想繞過橋柱，反而生起氣來，認為是橋柱撞了自己。它氣得張開嘴，豎起頷旁的鰭，脹起肚子，漂在水面上，很長時間一動也不動。飛過的老鷹看見牠，一把抓了起來，把牠的肚子撕裂。這條豚魚就這樣成了老鷹的食物。

蘇東坡就此發議論說：世上有在不應該發怒的時候發怒，結果遭到了不幸的人，就像這條河豚魚，「因游而觸物，不知罪己。」不去改正自己的錯誤，卻「妄肆其仇，至於磔腹而死」，真是可悲！

展現氣度的四種時刻

人生路上風雨多，忍是必然的。氣度固然重要，但有些事能忍，有些事不能忍。忍是高級的生存藝術，更是讓人生走向成功的路徑。

1、小不忍則亂大謀

人的一生只有短短數十年，誰不想在這世上做出一番事業，留下一世英名？可是這世界上的人能做事的不少，能成大業者卻微乎其微。為何會如此，因為能成事者除了要有各方面的主客觀條件外，還必須具有過人的心理特質，忍讓便是其中之一。

孔子曾說：「小不忍則亂大謀」。意思就是如果不能忍受一時一事的干擾，不能忍住一星一點的小小的欲望需求，則會因此而影響全局，以至於擾亂即成的大事。

忍小謀大，就是要用遠大的眼光來看待目前的小是小非，不計一時一事的得失，排除各種干擾，忍住各種小功利的誘惑，為實現大目標、成就大事業掃清障礙，鋪平道路。忍小謀大，就是要「一忍制百勇，一靜制百動」；不因小失大，也不因大而無謂喪失信心與勇氣，由此便放棄努力，懾於市井之言，使自己的目標實現遙遙無期，終不可及。

劉邦何以能成大事、創大業呢？原因就在於他能忍，也懂得忍，忍得住個人的享樂，忍得了一時的失敗，忍得下奴僕下屬之言，也忍得個人意氣與自己身體的傷痛。

據《史記》上記載，劉邦在沛縣鄉里做亭長時亦是好酒好色之人。當他帶領兵馬進入咸陽後，大多出身於社會下層的將士們看見皇宮倉庫中有許多金銀珠寶，便忍不住貪婪之心，全都往自己的懷裡猛揣，此時的劉邦亦被阿房宮的富麗堂皇和貌美如花的宮女們驚得目瞪口呆，挪不動步。正當他準備下令進駐阿房宮，享受瓊漿玉液美女嬌娃時，其部下樊噲一句：「沛公要打天下還是要當富翁？」以及張良的苦心勸諫使他悚然動容，幡然醒悟，馬上收起了自己的貪欲，吩咐手下封存倉庫和宮殿，並帶著將士們回到了灞上的軍營。同時還約法三章，不許將士們騷擾百姓，此舉贏得民心，也得到了民眾的支援與擁護，為他日後稱帝打下了良好的基礎。

一個人努力奮鬥，奮發向上，為的就是使自己生活得更美好。物質享受是任何人都需要的，但當你的大目標尚未實現，你正處於攀登階段的時候，卻一定要有能忍住一些小恩小惠以及物慾的誘惑和控制自己貪念的毅力，方有成功的可能。

忍一時之氣，免百日之憂。有時事業的得失成敗就在你的一念之間。

當初劉邦被項羽圍在滎陽時，曾向韓信求救。苦苦等待的結果不是韓信發兵救援的消息，而是韓信乘機要脅要求封他為齊王的信件。氣急敗壞的劉邦正想破口大罵韓信時，卻被站在旁邊的張良、陳平阻止住了，並要他先顧全大局，解脫自身的困境後再圖地位。劉邦雖怒氣難耐，終還是忍住了心中的怒氣，真的封韓信為齊王，並借韓信的兵力來攻打楚軍，扭轉了不利自己的形勢，奪得天下。

「一忍得天下」雖是後人對劉邦的讚譽之詞，但在楚漢相爭中，劉邦能以弱得天下，確有值得我們深思的地方。

這個世界上，想成就大事者多矣，正如拿破崙所說：「不想當將軍的士兵，就不是一個好士兵」一樣，人人都有自己的理想和抱負，但在通向成功的途中則必須學會忍耐，忍耐寂寞，忍耐孤獨，忍耐磨難，忍耐雪雨風霜，忍耐責難誹謗……。

忍小才能謀大，忍小就是要站得高，看得遠。小不忍則會亂大謀。作為有理想、有抱負，想「謀大」的現代人，能不學會「忍」小嗎？

2、恪守自己的本分

做人，要能自我把持，嚴守己之本分，分清事有可為不可為，克制自己之私欲，方是智者之「禮」也。

孔子曰：「一心可以事百君，百心不可以事一君。」此言雖是古代做臣子的道理，而用之今日仍可為處世待人之法。當我們一心一意執法，一心一意待人，一心一意為公，一心一意處事時，自然能做到「威武不屈、貧賤不移、富貴不淫」，以浩然之氣常駐心間。

如果說我們不能克制自己的貪念，不能把持住自己的德操，不能以公正廉潔之心對人對己，則終會被貪欲所腐蝕，入泥淖之中而不能自拔。

晏嬰是齊國有名的丞相，歷經三朝而未遭難，實乃不易。究其因，並不是因為他三心二意，善於阿諛奉承討君王歡心，相反，正是因為他有一心一意為國為民之心，只是善於採用不同的方法達到此目的而已。如同「條條道路通羅馬」一樣，目的相同，途徑各異。

做人處事自應有其原則，不可為了利益就趨之若鶩，也不可因有了禍害而唯恐避之不及。唐朝的魏徵以自己的剛正、忠直贏得了唐太宗的讚賞，不僅成為了唐太宗的一面「鏡子」，亦是後世萬代人的一面「鏡子」，一位表率。

守本克欲是為職之道，亦是做人之道。無論君臣、父子、夫妻、同事、朋友之間，若「做人無一點誠懇的念頭，便成個花子，事事皆虛；處世無一段圓活的機趣，便是個木人，處處有礙」。

西漢末年，皇太后王權攬權，給王氏子弟封侯許爵，漢朝的實權均落到了王家手中，王氏家族一時間權傾朝野，一個個窮奢極欲，驕橫無比，唯有身為皇太后侄子的王莽與其他人背道而馳，沒有同流合汙。

王莽的父親死得早，沒能封侯，故而王莽一直生活儉樸，刻苦勤奮地攻讀詩書，平日裡對那些紈綺子弟避讓疏遠，只與名士們交往，不僅待人謙和恭敬，行事更是小心謹慎，圓滑機巧，對待長輩們也是溫馴孝敬。侍湯奉藥、噓寒問暖，全無怨恨之言、驕奢之氣，遍獲美譽的王莽，以致被世人奉為道德的典範。不久，封侯的王莽便成為了平輩的王家子弟中最顯赫的一人。

仕途上一帆風順的王莽越發地小心謹慎了，盡其所有地網羅天下名士，這些投奔他的賓客們又成了王莽的「活廣告」，一傳十，十傳百，王莽的德望令萬眾仰慕，如日中天。

為了維護自己克己奉公的美名，王莽不惜以自己一個兒子的性命為代價，換取了「安漢公」的封號。為了實現自己的政治野心，王莽又在「大義滅親」的幌子下，逼死自己的長子，網羅罪名害自己的叔父、室弟及有牽連人數百名，剷除異己的同時掩蓋了自己的真面目。

漸漸地，王莽開始露出了狐狸尾巴，毒死漢平帝，自己做了「攝皇帝」又做「新皇帝」，將漢朝改為「新」朝，復古改制，倒行逆施，弄得人心惶惶，民怨天怨。此時，人們才明白王莽從前的一切做法，儉樸、忠孝、勤政等只是為了要使自己稱帝而使用的手段而已。

當民眾忍無可忍、揭竿而起攻入長安時，貪念不絕的王莽竟還手執短刀守在六十萬斤黃金與無數的珍寶前不肯離去，落得個遺臭萬年的下場。

真心、誠心是做人的根本，忘其本，輕則招來口舌是非，失財毀名；重則有性命之憂，亡國之虞。到頭來，自己念念不忘的榮華富貴亦只是過眼浮雲，如鏡中花、水中月般虛無縹緲，更留得一世罵名了，那是多麼可悲呀。一個人內心剛直、講究原則並不會影響其涉世時的靈活、機智、委婉、變通及情趣。縱觀歷代建功立業之人，均是善於靈活變通之人。

再以唐朝名臣魏徵為例，他雖以極言直諫，敢於觸犯龍顏而流傳千古，但實際上，魏徵除了得遇明君之外，主要還是因其在堅持原則的情況下能委婉機智地處理事物，善用虛心圓轉的方式來說服君王採納自己的意見，達到自己直諫的目的。

俗話說：「沒做虧心事，不怕鬼敲門」。一個人只要本本分分做人，本本分分做事，以真誠、仁厚之心待人，堅持原則中不失機趣，終能不懼小人、不畏權勢、不屑聲名、不恥寒貧，以安閒之心涉世，方能「笑天下可笑之人，容世間難容之事。」

3、不斷地為自己的目標奮鬥

人的一生不過數十年光陰，在這有限的短短數十年間，怎能放縱自己、貪圖享樂而疏於奮鬥？

時光如流水，一去永不返。如果不自警覺，一味縱情取樂、貪圖安逸，就會「少壯不努力，老大徒傷悲」，就會像秋天的落葉般凋零，復歸塵土，枉來這世上一遭。

人生，是一個不斷奮鬥、進取的過程，唯有珍惜時光，積極進取，方能在有限的人生中做更多的事情。

誠然，吃飽穿暖，養閒隱逸的生活令人愜意，讓人嚮往，亦是無可厚非的一種生活方式，在這種生活中極易消磨鬥志，甚而可能蛻化為社會的蛀蟲，為人們所厭惡、摒棄。

生命在於運動。孫思邈在《養性啟蒙》中說：「流水不腐，戶樞不蠹，是運動的緣故。欲望不能放縱，放縱就要造成災禍。」

陶侃，字士行，晉朝鄱陽人，後遷至廬江的潯陽。早年的陶侃孤寒貧困，因范達的推薦，方在廬江太守手下做了一名主簿。

陶侃因自己的才識與不斷地奮進，終於做到了廣州刺史。此時的他並未因自己光耀了門庭，有了榮華富貴而稍有懈怠，滿足於已有的功名財富之中，養尊處優；相反還每天堅持著做一件令人費解的事——早晨起床後將一百個罈子從屋裡搬到屋外，日暮時分再搬回屋內。不解其意的人問其故，他答曰：「怎能讓閒適優越的生活磨掉我的志氣，消耗我的體力呢？為了能很好地擔當此任，因而必須要經常鍛鍊，保持強健的體魄和高昂的鬥志。」在以後的仕途生涯中，善於忍受舒適安逸生活的陶侃方能統領八個州，顯身揚名，成為一時之俊傑。

水，只有日夜不息地向前流動、奔騰，才有活力，才不至於成為蚊蚋的孳生地，成為腐物的產床，在熾熱的陽光下變得惡臭腐敗，直至乾涸，消失殆盡，失卻往昔的清澈與亮麗。

人，同樣只有不斷地進取，有一個堅定的目標為之拚搏，其生命才有價值，才有力量，才不至於被生活的錦衣玉食所腐蝕，變得無所事事，碌碌無為，甚而「樂不思蜀」，懼怕磨難，湮沒雄心，待老之將至時徒嘆光陰的流逝。

春秋時候，晉國的公子重耳被後母驪姬趕出了晉國，不得不流亡他國。追隨公子重耳左右的還有晉國的九位忠臣，身懷安邦定國之才的他們為了國家的復興，忍受拋妻別子之苦，與公子一同出亡在外，盼望著公子重耳回去興邦立國的那一天。

他們一行人到了齊國，公子重耳娶了齊國的公主齊姜，日子安定了下來，生活得很好。一晃七年過去了，習慣了安穩生活的公子重耳日夜沉溺於兒女情長的溫柔鄉中，復國興邦的志氣早已在歲月的流逝中消磨得無影無蹤。

跟隨公子一同出逃的大臣們原指望重耳能依靠齊國的力量達到復國的目的，可眼下齊國的情況也很混亂，自顧已是不暇，哪有能力和精力幫助他們？眼看著公子重耳沉迷、陶醉在目前平靜、安定的生活之中不能醒悟，終於忍不住紛紛勸說起公子重耳別忘了興邦復國的大任。可惜此時的重耳卻置若罔聞，難以自拔。

幾位大臣為此憂慮不堪，聚集在一處僻靜之地開始商討對策。終於，他們有了一個計畫。一位叫狐偃的大臣說：「我們大家回去準備好各自的行裝，相機邀公子出城狩獵，待出得城門便劫他上路離開齊國，讓他想不走也不行了。」大家同意了這計畫，相約嚴守祕密，不得走漏風聲，暗自行動。

誰知這天大的祕密卻被當時正在樹上採桑的重耳夫人齊姜的侍女聽了去，待幾位大臣離開後，她也趕緊去向主人齊姜稟報。

但深明大義的齊姜思考再三，終於還是親自勸說丈夫要以國家為重，應該振作精神勵精圖治，也不要辜負了大臣們的一片忠心。可此時的重耳哪聽得進去，不願再過顛沛流離東奔西走的流亡生活的他沒有聽從夫人的勸告。次日又拒絕了大臣們的邀請。

眾大臣無計可施，一籌莫展。齊姜經過一番痛苦的內心掙扎後，毅然與大臣狐偃議定：由自己借機會將重耳灌醉，再讓大臣們連夜運載出城去。當夜，在齊姜的計劃下，狐偃一行人帶著喝得酩酊大醉的重耳踏上了復國之路，幾經風雨磨難，重耳完成了興邦復國的大業，終成春秋五霸之一。

有了齊姜的曉大義，明事理，犧牲小我和夫妻恩愛、家庭美滿的安樂生活，以及和幾位大臣們一樣克制貪圖享受、安於平淡快樂生活的心理，方才成就了公子重耳成為春秋五霸之一，否則，歷史只得改寫。

流水，為了「不」腐，為了奔向大海，或者只是為了「流」這一信念，就能忍受高山的阻擋，深澗的恐嚇，忍受萬里險途的勞苦、寂寞，忍受濁沙的汙染，忍受烈日的烘烤，忍受人畜的啜飲，隨著地勢的起伏時急時緩，時分時合，可它沒有停下自己的腳步，哪怕是九轉十八彎，也不放棄信念，一路高歌著向東流去，直至大海。

作為主宰著萬物的人，更應該在不息的信念中學會忍耐忍讓、忍受別人的誹謗，忍受命運的不公，忍受挫折的打擊，忍受富貴權勢的誘惑，忍受生與死的考驗，方能成就自己人生的輝煌。

水，沒有固定的形態，卻以自己特有的方式適應著這個世界，可圓可方，能強能弱。它是柔韌的，「抽刀斷水水更流」；它是弱小的，任由別人取之；它是堅強的，「水滴石可穿」。

人要做到忍讓，則需要有比別人高一步的追求，高一步的立身，才可以超越眼前一切事物的侷限、束縛，不為一時一事之小利小害所迷惑，為之苦惱，爭執不休，無法容忍。水，給了我們太多的啟示，其能載舟亦能覆舟，關鍵在於如何運用。

忍讓，可以使一個人成就事業、施展抱負、陶冶德性；亦能使一個人碌碌無為、安於現狀、無主見、無膽氣豪情、猥猥瑣瑣，關鍵在於如何理解，如何認識。

4、切勿居功自傲

一個人在獲取成功時，鼓舞鬥志，激勵勇氣並不困難，難的是當他功成名就、顯赫一時之時，從意氣風發中清醒、自願地隱退下來，從輝煌趨於平淡的那股勇氣。

能忍常人之所不能忍，不僅是指忍受磨難，忍受誹謗，忍受疲乏，更是指需能忍奢侈，能忍功名、權勢的誘惑。

能功成名就者肯定都是聰明人，但能急流勇退者卻不僅僅是人聰明就能做到的，因為

「由儉入奢易，由奢入儉難。」急流勇退，放棄的只是一些名利等身外之物，於人於己皆無損，而得到的卻是超然人品，自然之心，於人於己皆有益，何樂而不為。

追求功名也好，功成身退也罷，在別人眼中無非只是一種形式，對自己而言，一切外在的形式皆由心生，正如一個人有了肚子餓的念頭，才會去吃飯充飢；有了身冷的念頭，才會去添衣禦寒一樣。急流勇退不是一時之衝動，更非沽名釣譽之舉，它所依賴的是輕權勢之念，淡利欲之心。須知：一時一事易，時時事事難。更何況需在功成行滿之時，得意正盛之機超然物外？

「鴻未至先援弓，兔已亡再呼矢，總非當機作用；風息時休起浪，岸到處便離船，才是了手功夫。」古人早將把握時機、當機立斷之舉講得明明白白，聰明人何須重錘？

急流勇退是一種觀念，一種思想，它所需要的只是時時警惕，時時自省的清醒頭腦而已。「進步處便思退步，庶免觸藩之禍。」此語出自《周易．大壯》，講的是一隻公羊因看見一道竹籬笆，就自恃自己有堅硬的犄角，便以角撞籬笆，想顯示一番，可惜竹籬完好無損，公羊的犄角卻被撞傷了，不服氣的公羊仍不死心，又向籬笆撞去，這次的結果是被籬笆夾住了犄角，進退不得，只好無可奈何地在那裡叫喚。

這雖是一則寓言，可現實之中人的行為與其何等相似！我們在笑那隻羊愚蠢的時候是否也應該回頭想想自己，檢視一下自己？

能做到急流勇退者確也不少，如范蠡及陶淵明等並未因功成身退而湮沒於歷史的洪流中，他們憑著那一股野鶴輕風般的超然之氣成為世代流傳的美談。

張良原是漢高祖劉邦手下的一名大臣，與蕭何、韓信並稱為「漢初三傑」，他熟悉兵法，一生以謀略見長，是劉邦的主要謀士之一。若沒有他，劉邦能否建立漢朝也得打上問號。是他計劃攻占秦國首都咸陽；是他設計幫助劉邦逃脫鴻門宴上的殺身之禍；是他英明決斷火燒棧道，及時阻止了劉邦準備封賞六國後代的計畫；也是他力排眾議，在楚漢議和後徹底消滅了項羽；還是他幫助劉邦在得天下後鎮撫各將士，建都長安，穩固了漢朝的江山社稷。

可就是這樣一位開國功臣卻沒有居功自傲，不僅拒絕了封賞給他的三萬戶領地，還身體力行了老子所講的「功遂，身退，天之道」的思想，不倚仗功勞讓自己成為顯赫家族，而是閉門不出，潛心學道，以引退的方式來表明了他的人生哲學。

那麼，張良此舉是否就是在逃避人生呢？答案是否定的。從他晚年為使漢朝免於宮廷內戰，為保持社會穩定而幫助太子劉盈請出「商山四皓」的事例中即可見其是以一種更超然的方式來參與朝中大事的。這位早年在下邳向黃石老人學習《太公兵法》的隱者，深深明瞭「達士知處陰斂翼，而巉岩亦是坦途」的道理，也懂得「謝事當謝於正盛之時才是『天之道』」。

作為現代人，積極進取，完善人生無可厚非，但真正能在某一領域中脫穎而出、出類拔萃者，則總會失去很多方可有成。如果多了一分應酬的時間，則少了一分潛心向學的時間；

如果少了一分阿諛，則多了一分正直。

現代社會已給了我們一個相對寬鬆的涉世環境，引退隱逸均不必效法古人拘泥其形跡，而應重在取其意。只要我們明白：引退隱逸並不是讓當事人遁入不食人間煙火的寂寞孤獨中去，正如南宋詩人楊萬里曾說「袈裟未著愁多事，著了袈裟事更多」一樣，逃避現實並非明智之舉。而只是要當事人以一種適合自己的處世方式，用寧靜的心境去待人處世，看世間萬物。

急流勇退只是一種形式，真正能做到者才是智者。

不要一味地忍讓

與人相處的時候，忍讓和寬恕是一種美德。但是必須把握住一定的限度；在無關緊要的小事上不必斤斤計較，但在原則問題上絕不能退讓。一個人如果不敢堅持原則，以犧牲根本的東西來換取一時的苟安，他也就失去了做人的尊嚴和價值。在人們的眼中，這樣的人只能是窩囊無能、懦夫的形象，只能是個受氣包的形象。

哲學上常常把度作為質和量的統一。也就是說，在度的中間，包含了具有一定量和質的結合，在度之中，事物的性質變化於一定的範圍之內，不會出現根本性的變化。而一旦超出了這個度，事物的性質便會出現新的特點，正如水在一百度之內仍然是水，可一旦燒開便變成了氣體一樣。在採取忍耐策略的時候，也要有一個度，比如在下列情況下，就不能一味採取忍讓的策略。

1、忍讓的底線

所謂「事不過三」，說的是人們對同一物件的寬容和忍讓，可以一次、兩次，但絕不可一讓再讓。忍讓到一定分兒上，必須有所表示，使對方真正認識到自己的退讓不是一種害怕和無能，而只是出於一種大度，從而不再繼續下去。

在日常生活中，經常有一些這樣不識好歹的人，他們為所欲為，得寸進尺，把同事及其他人的忍讓當成是好欺負，可以占便宜，因此一而再、再而三地步步緊逼。對待這種人，在經過幾次忍讓之後，看清了其真面目，則不應再忍讓下去，可以適當地給對方一點顏色看看，並通過正當的方式勇敢地捍衛自己的權利，這樣，使對方認識到自己的錯誤。

當然，這種曉之以厲害的方式和途徑可以是多種多樣的，但目的都是一個，就是讓對方了解自己真正的態度，這便是可以參照的一條原則。

2、做人要有骨氣

忍無可忍的情況通常出現在一些公共場合或網路之中。有些人以為別人也不認識自己，而且以後彼此間很難還會有相遇在一塊兒的時候，因而處於一種匿名者的狀態中。這樣一種狀態往往使人在一定程度上擺脫過去所承擔的某些義務和責任，也會不同程度地放鬆良心對自己的約束，因而發生和做出一些不道德的、過分的行為舉止。例如，在火車上、在公園裡、在公共汽車裡，等等。非常有意思的是，在這種公共場合中，有些人也常常抱著一種大事化小，小事化無，儘量少惹麻煩的心理，對於一些過分的、帶有攻擊性的行為持忍的態度。這樣一方是咄咄逼人，另一方卻又是息事寧人，很容易造成一種有利於某些人不斷膨脹其侵犯心理的環境和條件。但是，也恰恰是在這種情況下，由於有些人肆無忌憚地一意孤行，也很容易地把人們逼到一種「絕境」，以至於產生了一種忍無可忍的心理。

成熟的人懂得：要保持自己的骨氣，把自己的刀劍插入刀鞘，但需要自衛時要毫不猶豫地拔出來。既然你已經躲不過去了，還不如趁早解決的好。

3、適時展現自己的鋒芒

人的行為很容易受習慣的支配，只要屈服過一次，就會一而再、再而三地屈服下去，不失時機地人前稍顯勇氣，是不可忽略的處世之智。不要成為受氣包，一旦生氣就應果斷地行動。

俗話說：「柿子挑軟的吃。」人們發脾氣也往往找那些軟弱善良者。因為大家都清楚，這樣做並不會招致什麼值得憂慮的後果。在我們身邊的環境裡，到處都是這樣的受氣者，他們看起來軟弱可欺，最終也必然為人所欺。一個人表面上的軟弱，事實上助長和縱容了別人侵犯你的欲望。

我們要知道保持勇氣的重要；不要過分抬高他人，以致對之心懷敬畏。沒有誰能超越人性的侷限。主管不過只是職位比別人高些，權威也只是一種地位帶來的表面力量而已。

其實，為了保障自己必要的權利，人是應該有一點鋒芒的。雖然我們不必像刺蝟那樣全副武裝，渾身帶刺，至少也要讓那些兇猛的動物們感到無從下口，得不償失。

不因堅持小事而失大局

不如意，十常居八九，我們無論如何都應正確面對，而且能忍就忍，在忍中等待命運的轉機也是一種人生藝術。

1、不要追求沒意義的勝利

才子馮夢龍寫了這樣一則故事。從前，有父子二人，性格都非常剛直，生活中從來不對人低頭，也不讓人，且不後退半步。

一日，家中來了客人，父親命兒子去市場買肉。兒子拿著錢在屠夫處買了幾斤上好的肉，用繩子串著轉身回家，來到城門時，迎面碰上一個人，雙方都寸步不讓，誰也不甘心避開，於是，面對面地挺立在那兒，相持了很長時間。

日已正中，家中還在等肉下鍋待客飲酒，做父親的不由得十分焦急起來，便出門去尋找買肉未歸的兒子。剛到城門處，看見兒子還僵立在那兒，半點也沒有讓人的意思。父親心下大喜：「這真是我的好兒子，性格這麼剛直；又大怒：那是什麼人，竟敢如此放肆？」他躥步上前，大聲說道：「好兒子，你先將肉送回去，陪客人吃飯，讓為父的站在這兒與他對抗！」

話音剛落，父親與兒子交換了一個位置，兒子回家去烹肉煮酒待客；父親則站在那個人的面前，如怒目金剛般挺立不動。惹得眾多的圍觀者都大笑不止。

一般而言，性格剛直者在處世中不易吃虧，受人欽佩，但太剛直了會走向負面，這種人往往固執己見，嚴守自我的做人準則，不退讓，不變通，沒有半點柔弱的氣象。

人生在世，無一點剛直之氣是不行的，尤其是應該心有所主，擁有一些確定的做人準則。這樣，人們可勇氣倍增，可與人抗爭，與社會黑暗的東西抗衡，凸顯出自我的個性和風貌。

但是，剛直並不是賭氣，不是去追求無益的個人「勝利」，就像馮夢龍先生筆下所敘述的這對剛直的父子，僅僅為了避讓的小事，就與人對起衝突，不管其他的事，這就由剛直走向了蠻橫，久而久之會引起別人的厭惡，最終會在人生旅途中碰得頭破血流。

2、在高傲的人面前退一步

不管你在什麼環境下謀生，都免不了和高傲者打交道。初次與高傲者打交道，首先要有足夠的思想準備，要準備碰一鼻子灰。遭到冷遇不要一觸即潰，更不要灰心喪氣。為此，就不要過分自尊，要經得起刺激。善於以忍讓、堅韌的精神，與之周旋，這樣就為戰勝對手奠定了思想基礎。其次，要樹立強烈的自信心和必勝信念，從心理上使你成為強者，如果你一見傲者心裡就發愁，那麼，你已經在心理上打了敗仗，最後勝利的可能性就很小了。再次，要把勝負的目標定在交際的最後結果上，不要過分計較對方的態度、語氣、語言，一切都要以取得最後的勝利為目標。

只要有了上述思想準備，那麼在具體相處時就會做出正確的選擇。當你面對高傲者的冷漠清高時，你就會持寬容忍讓態度，並能這樣說服自己：高傲者的傲氣並不是針對我一個人的，而是他們的個性，不必與之計較。這樣就會使自己避免心理失衡、產生厭惡的感覺，並滿懷信心地與之交往。總之，這種態度會指導你繞開對方的不友好態度的影響，與之進行實質性交際，使自己處於優勢地位，最後達到交際的目標。

實際上，有些高傲者往往外表上很傲，叫人難以接近，但在工作上態度極認真負責。如果只看其表面態度，與其計較，就會因小失大，影響交際效果。因此，學會採取寬容忍讓的態度和方法，對其高傲姿態「視而不見」，繞開「明礁」，直奔主題，討論實質的問題，那時，對方的傲氣也就不會成為交往、共事的障礙了。

高傲者多看重自我形象，對自我評價較高，自我感覺良好。與他打交道不妨採取投其所好的方式，對其業績、學識、才能等，以實事求是的讚美，使其榮譽心、自尊心得到滿足。這樣就可從心理上縮短距離，同樣能起到左右他們態度的作用。比如：有位生性高傲的處長，一般不熟悉的人很難接近他——他那生硬冷漠面孔常使人望而卻步。有位外地來的公務員聽說了他的脾氣，一見面就微笑著遞了一支菸說：「處長，我一進門就有人告訴我，處長是個爽快人，辦事認真，富有同情心，特別是對外地人關照。我一聽，高興極了。我就愛和這樣的主管共事，痛快！」這幾句開場白，把處長捧得臉上立刻露出一絲笑容，接下去辦正事，果然大見成效。

這位公務員的成功便得益於開頭的那幾句恭維話。他先把對方的身價抬起來，使其自尊心得到滿足，這時，對方就不好意思對一個恭維尊敬自己的人碰釘子了。自然，高傲者會在維護自我形象的心理支配下變得和藹可親起來。使用恭維方法時需注意兩點：一是要實事求是。恭維的內容不是無中生有，而是確有其事，對方才會感到高興。如果進行肉麻的吹捧，拍馬屁，清醒的高傲者也會把他當成小人而更加小看；二是讚美要適可而止。讚美在這裡不過是一種使高傲者改變態度的手段，是交際的序幕。如果一味讚美，而不及時轉入正題，就失去了意義。

3、避免和人硬碰硬

清末著名才子紀曉嵐很善於駕馭言語。留下了許多千古佳話。有一回，乾隆皇帝想開個玩笑以考驗紀曉嵐的辯才，便問紀曉嵐：「紀愛卿，『忠孝』二字當作何解釋？」

紀曉嵐答道：「君要臣死，臣不得不死，是為忠；父要子亡，子不得不亡，是為孝。」

乾隆立刻說：「那好，朕要你現在就去死。」

「臣領旨！」

「你打算怎麼個死法？」

「跳河。」

「好吧！」乾隆當然知道紀曉嵐不可能去死，於是靜觀其變。不一會兒，紀曉嵐回到乾隆皇帝跟前，乾隆笑道：「紀愛卿何以未死？」

「我碰到屈原了，他不讓我死。」紀曉嵐回答。

「此話怎講？」

「我去到河邊，正要往下跳時，屈原從水裡向我走來，他說：『曉嵐，你此舉大錯矣！想當年楚王昏庸，我才不得不死；可如今皇上如此聖明，你為什麼要死呢？你應該回去先問問皇上是不是昏君，如果皇上說他跟當年的楚王一樣是個昏君，你再死也不遲啊！』」

乾隆聽後，放聲大笑，連連稱讚道：「好一個如簧之舌，真不愧為當今的雄辯之才也。」

正是因為紀曉嵐巧用「迂迴出擊」的技巧，在毫不損害乾隆面子的情況下，點出他的無理之處；不僅為自己找到了一個充分的不死理由，還博得了皇帝的歡心。

對於一些不能得罪的人提出的難題，不要急於做正面的反擊。可以採用迂迴的策略，盡力避開對手的優勢，趁勢抓住對方的漏洞，不動聲色地予以反擊，進攻其薄弱的環節，從而克敵制勝。

4、有些人能避則避

1）亡命之徒碰不得

亡命之徒是生活中最讓人頭痛的一類人，他們最大的特點就是走極端，拿生命做賭注，不怕付出任何代價，是一種心理變態的人。這種人層次很低、品質惡劣，自以為是，以老子天下第一自居，蠻橫不講理，很難對付。

亡命之徒的典型語言就是：「死都不怕，還怕什麼」、「今天不是你死，就是我亡，有我沒你，有你沒我」、「只要給我留一口氣，總有一天會宰了你」。這樣的人為不大的一點事，就敢下毒手，拼個你死我活，惹上亡命之徒就會給我們帶來數不清的麻煩和損失。

在亡命之徒眼中，倫理道德、正義、法律一錢不值，無所顧忌，還有什麼能壓服他們呢？不跟亡命之徒較勁，主要原因是為了不攪亂我們的正常生活，而不是懦弱害怕。我們多數人都是有正經事要去辦的，為了避免一些不必要的麻煩，就不能與這類人較真，否則會耽誤了大事。

避開亡命之徒最積極的理由就是「投鼠忌器」。投鼠忌器語出《漢書．賈誼傳》，意思是用器物打老鼠怕砸壞了器物。不是怕老鼠，而是為了保護器物。對亡命之徒也是這樣，我們不去招惹他、不與他計較，是出於我們的正事考慮，為我們的尊嚴和水準考慮，不要損害了我們這些真正有價值的東西。

我們在與亡命之徒相處時，至少需要在行為界限上把握住以下三點：其一，要學會老老實實地做人，不輕易刺激或觸犯脾氣大、心狠手辣的人。把握住行為分寸，不給對方造成誤解和幻想的機會；其二，在衝突的苗頭剛出現時，要採取有效辦法補救，穩住對方情緒，消滅對方的勢頭；其三，抓住對方欺善怕惡、欺生怯熟的心理，巧妙地做出暗示，讓對方了解你的實力，曉得你的厲害，放棄拚命的念頭。

2）何必和小人一般計較

小人之所以常常給別人氣受，甚至樂此不疲，主要是因為這樣做是有所圖的。要嘛是為了損人利己，爭得一些好處，要嘛純粹是為了陷害別人，避免別人勝過自己，謀求心理上的平衡。由此可見，小人是有不同層次的。

有些生活在我們身邊的鼠輩小人，他們的眼睛牢牢地盯著我們周圍所有大大小小的利益，隨時準備多撈一份，為此不惜一切代價準備用各種手段來算計別人，令人防不勝防，他們平時或許能潛藏在團體內部在背地裡做手腳，但狐狸的尾巴終究藏不住，總有敗露的那一天。

小人是琢磨別人的專家，敢於為小恩怨付出一切代價，因此對付小人沒有一套辦法是不行的。小人固然厲害，但我們並不怕他，避開小人是因為我們不值得把太多的精力浪費在一些沒有價值的爭鬥上。一旦把握不好自己的行為界限，得罪小人，他就會想方設法來琢磨你，破壞你的正事，分散你的精力，使你不能安心於工作、學習和生活。所以，所有想幹好正事的人都必須繞開小人。

避開小人必須在行為界限上把握好以下幾點：識別小人，摸清他的喜好和忌諱；言行周密，有備無患，小心提防；關鍵時刻要多一個心眼，不要上小人的當。

這就是我們在現實生活中，怎樣恪守忍讓的邊界和方法。我們不是不能做到，而是我們忽略了這些，這是我們人生失敗的一個原因。

圓融的境界

忍讓也是一種人生藝術，是有其技巧存在的。達到一定境界的人不僅能夠圓融地處世，更能成功地達到事業的頂峰。

1、柔弱勝剛強

能忍與否常常只是一念之間的事，因而忍一般是指每個人的精神心理承受程度，讓則是將這種忍的精神在個人的行為之中表現出來。換言之，忍是讓的內在思想根本，讓是忍的外在具體表現。

當我們已開始擁有忍的心境後，就應該注重讓的技巧了。例如：微笑的臉龐，文雅得體的舉止、言語等可以使人如沐春風，不覺間受到感染，或者改正自己的粗暴、無禮，或者以禮還禮，禮尚往來，讓這種美德不斷影響周圍的人，逐漸形成一個祥和、安寧、謙遜、識禮的氛圍。

對待同一件事情，不同的人有不同的應對方法，即使是懂得「忍讓」之人，其技巧的高低，也會導致結局的好壞差異。

《菜根譚》中說：「舌存常見齒亡，剛強終不勝柔弱；戶朽未聞樞蠹，偏執豈能及圓融。」牙齒較之於舌頭，自然是堅硬剛強的，可是它們卻經不起蟲蛀菌噬，常被腐蝕得不堪入目，直至完全脫落，而柔軟的舌頭雖經酸甜苦辣，卻毫髮無損，安然無恙。

世人應當明白：內「剛」固可喜，若外亦「剛」則堪憂矣。外柔內剛，就是自己有主見，有原則，不同流合汙，而在行動語言上則委婉、圓轉、不恃強、不凌弱，不與人爭強，不爭口舌之勝，不顯貴露富。

正如老子所言：「知其雄，守其雌，為天下谿。」人生應有外柔的意識，不為無謂的雌雄之爭而浪費人生短暫的時光，拋卻人生的使命。

當我們理解了《菜根譚》中「執拗者福輕，而圓融之人其祿必厚；操切者壽夭，而寬厚之人其年必長。故君子不言命，養性即所以立命；亦不言天，盡人自可以回天。」之言，自然能夠平衡內心與行為，行事處世方能達及外柔內剛之道。

2、盛極而衰

宇宙中存在著自然法則，中國的聖哲們也素來講究道法自然。無論是在天地、陰陽、晝夜等事物間還是在男人女人之間，自然之道均能創造出一種平衡，一種動態的平衡。如果這種平衡被打破、失去的話，災難的產生也就是必然的事。

月在天，有盈有虧；水在地，潮漲潮落；人在世，生老病死等都是自然法則的體現，沒有誰能抗拒得了，也沒有誰能躲避得掉，對於我們人類來說，同樣也是不能以極端的方式來面對人生。過分的積極或過分的消極，不是正確的人生態度；過分的剛強與過分的柔弱，也不是完美的性格。

欲取得生命的平衡，就應該做到思想與行動上的平衡，而這種平衡就是能夠在理智與情感、邏輯與直覺、緊張與鬆弛，以及理想與現實之間尋找到一種和諧、穩定與統一。

盛極而衰，是自然的規律。於是，人最愉悅的生存狀態，當是在極權與無助、滿足與貧困、傲慢與謙卑、過剩與不足之間。於是，為了達此狀態，則必須平衡內心與行為，而要保持這種平衡，則只有做到謙虛。所謂謙虛，即虛心、謙遜而不自滿。不自滿方能經常保持一種「空」的狀態，因此可以得到更大、更多的益處。

常言道：「有得必有失」，反之「有失亦必有所得」。你看那溫室中的花朵，雖得四季常春，卻失去了傲立風霜雪雨中的堅韌；為官者得到了榮華富貴，則必然會失去閒情野趣、自由之身，所謂「人在江湖，身不由己」也；潛心求學之士失去的是遊玩的時間，得到的卻是知識的積累，思想的昇華，人格的完善。

《易經》是一部最富有人類智慧的經典，從中我們能夠明白，轉禍為福的最好方式就是在事物剛剛開始之際處之泰然，安然地等待它的極盛的到來。

《易經》中共有六十四卦，在「大有」卦之後的「謙」卦是所有卦中最好的一卦，因為只有它的六爻全是吉利的，除此之外，沒有一卦是全吉或全凶的，可見謙虛的力量之偉大。

謙虛是一種美德，一種令人尊敬的美德，即使是在最卑微之處，謙虛亦能發出絢麗的光輝，使其得以善始善終。

《易經．謙卦》中有這樣的話：「天的法則，虧損滿盈，增益謙虛；地的法則，改變滿盈，使其流人謙卑；鬼神的法則，加害滿盈，降福謙虛；人的法則，厭惡滿盈，喜好謙虛。」無論是可知的事物——天、地、人——也好，還是不可知的事物——鬼神——也好，均對謙虛大加讚賞、頌揚，難道我們還有理由不以「謙虛」為人生的準則嗎？難道我們還不知該如何待人處事嗎？

學會謙虛就可學會忍讓，常聞語曰：「嶢嶢者易拆，皎皎者易汙。陽春白雪，和者蓋寡；盛名之下，其實難副。」過於堅硬的，容易斷；過於潔白的，則容易被汙染。故而，我們明白了驕兵必敗、驕將必失的道理後，就應該在自己的事業到達頂峰之時，記住天道忌盈的道理，避免失敗、災禍的降臨。

謙虛者，忌盛氣淩人；謙虛者，忌狂妄自大；謙虛者，忌驕橫跋扈；謙虛者，忌好大喜功。謙虛者，須能夠節制自己的欲望，對權勢的欲望，對財富的欲望，對名譽的欲望，以冷靜、平和、謙卑的心態來指導自己人生的方向，培養自己的道德品格。這也正是《易經・謙卦》中「謙謙君子，卑以自牧也」這句話給我們的啟迪。

3、糊塗有時是件好事

聰明有大聰明與小聰明之分，糊塗亦有真糊塗與假糊塗之別。

「揚州八怪」之一的鄭板橋曾說過：「聰明難，糊塗也難，由聰明轉入糊塗更難。」可見「糊塗」是如何地「難得」。現如今，無論是得其精神者也好，附庸風雅者也好，為官者也好，布衣平民也好，鄭板橋「難得糊塗」四字可謂是隨處可見，但真正能理解其含義者卻不多，也確實不容易。

當初鄭板橋在為官之時，將官場、世事看得太清楚、太明白、太透澈而又無以力釋之時，又因其性情剛直，不諂媚、不圓滑，而不平不公之事太多，憑一己之力卻又無能為力的時候，只好在「糊塗」之中尋求遁世之術。

老子曾對孔子說過：「良賈深藏若虛，君子盛德若愚。」意喻善做生意的商人總是將其寶貨深藏不露，等待識貨之主人到來，有真才實學的君子總是憑愚笨的容貌來隱藏自己，等待關鍵時刻來臨時方展露才華，說明一個人不可過分炫耀自己的能力，否則，白白耗費精力，又招致他人的反感。

「滿招損，謙受益」已是耳熟能詳。它的本意是說驕傲自滿的人會給自己帶來損害，而謙虛的人則會得到許多的教益。從另一個角度來說，這句話也是說一個人不可太過精明，事事清楚明白，不給人留些餘地，最終只會給自己造成傷害。人畢竟沒有三頭六臂，當你時時事事比別人聰明、能幹時總會引起別人的反感和嫉妒，終究「明槍易躲，暗箭難防」，導致自己無謂的傷害甚至犧牲。真正聰明的人、正直的人大可不必在一些瑣碎小事上錙銖必較，此時「糊塗」一下又何妨？只要能在大事上、原則上保持清醒的頭腦就行了。

人性本是喜直厚而惡機巧的，而胸懷大志之人為實現自己的理想、抱負，有時又不得不在不盡如人意的環境中巧施機智，既達到自己的目的，又不能為人所厭惡警戒，故而應學會藏巧於拙，「用晦而明」的處世方法。就像元末的朱元璋，當他率部攻占了南京以後，聰明的他聽從了耆老朱升的建議，以「高築牆、廣積糧、緩稱王」的策略在群雄並峙之機，不但避免了因嶄露鋒芒而成眾矢之的，又贏得了時間，積蓄了足夠的力量予以各個擊破；成功地實現了陳倉暗度的計謀，坐上了皇帝的寶座。

「聰明一世，糊塗一時」說的是聰明人有時也會做蠢事。但「難得糊塗」卻是說聰明人表面上愚拙，實則內心清楚明白，「糊塗」有時是不得已而為之，有時卻是故意的，為不同流合汙，成為保全自己的人格、尊嚴之舉。

俗話說：「真正聰明的人，往往聰明得讓人不以為其聰明。」也就是說，有些看似「愚笨」、「糊塗」的人事實上卻是最聰明的人。洪武年間，朱元璋手下的郭德成即堪稱是這樣的一個人。

當時的郭德成，有位妹妹在宮中服侍皇上，自己則官任驍騎將軍，可以自由出入宮中，頗得皇上的偏愛。有一天，皇上召他入宮，在出來時，皇上悄悄塞了兩錠黃金給他，並讓他不要張揚出去。受到恩寵的郭德成恭恭敬敬地謝恩後就將黃金藏到了靴筒中。

走到宮門口的郭德成一反常態，東倒西歪全然一副醉酒的樣子。一不小心摔到了地上，靴筒中的黃金自然就露了出來。守門的侍衛一見馬上報告朱元璋，朱元璋卻不以為意地告訴侍衛說：「那是我賞賜給他的。」可這件事依然鬧得個滿城盡知。

於是有人責備郭德成，說他沒有遵從皇上囑咐，讓他不要張揚，他反而故意顯山露水。但看似「糊塗」的郭德成卻自有一番見解：「宮廷內戒備森嚴，哪有藏著金子出去不被知曉之理？知道的說是皇上賞的，不知道的還說我是從宮中偷的？要想人不知，除非己莫為。到那時，我豈不是百口莫辯？再說，因我妹妹在宮中服侍皇上，我可以進出無阻，又怎知這次不是皇上試探我呢？」

郭德成的這番分析實是入情入理，況其所說也不是不可能發生的事，因此他能防患於未然。如此「糊塗」之舉，免卻了許多麻煩與災禍，不可謂不聰明矣。

細細思量，郭德成的「糊塗」緣於他無貪財之心，無貪勢之念，能忍利益的誘惑。

「糊塗」運用到商戰中，是為了取勝，運用到社交中則為了左右逢源，處理好彼此的關係。當我們在修身養性時，「糊塗」常可使我們心境平靜，無欲無貪，正如「值利害得失之會，不可太分明，太分明則起趨避之私」一樣。

小事糊塗者，輕權勢、少功利、無煩憂，則終成正果；大事糊塗者，則朽木不可雕也。世人應慎之。

4、既來之，則安之

人無法改變這個世界，因而只有去適應它。

人與自身所處的世界在既依賴又對立中相互共存著。考卜萊斯頓在《當代哲學》中這樣說道：「人是一個決心實現他的許多可能性之存在，不是一個孤立的自我，而是一個必然與其他事物世界和人們世界相互關係的存在。」

對我們每一個人來說，不可改變、沒有選擇自由的是所處的生存環境，同時也因為我們無法也無力按照自己願望去改變環境。而我們有能力，有辦法改變的唯有自己的處境，一種人和客觀存在的關係。

改變生存方式為的是適應客觀存在，即生存環境。適應，是為了達到在存在中尋找到一個安全、寧靜、祥和、淡然且自己的願望容易實現的位置目的，因而這種適應不是妥協、媚俗，委屈自己、退讓求全；也不是無原則、無氣節的行為。

改變自己，適應環境的選擇有許多，其中最好的莫過於讓自己進入淡泊寧靜的人生境界。

許多人仰慕這種境界，可縱觀天下芸芸眾生，真到自己去實踐時的困難程度不亞於基督徒進入天堂前所需跨過的「窄門」。進入天堂須跨「窄門」；須經受煉獄的磨難，達到寧靜淡泊的境界則須徹悟人生真諦，須有來自人生波折的契機。

欲達超然致遠之境，則「做人要脫欲，不可存一矯俗之心；應時要隨時，不可超一趨時之念。」

做到了脫俗、隨時之人不會長噓短嘆地怨天尤人，不會想入非非地異想天開、標新立異，不會將大好的光陰消耗在這無盡無窮的猶豫、動搖、遷徙、調動、抱怨與頹廢之中，他們總是以積極、主動的心態隨緣順事，一如創立了禪宗五宗之一的臨濟宗的義玄禪師所云：「隨處可以做主人」的思想。

「隨處可以做主人」，就是要能隨遇而安，正如俗語所說「既來之，則安之」一樣，將自己的身心融入每一處所到之地，每一件所做之事，不避諱，不嫌棄，得好不喜，得壞不憂，平平淡淡中做自我修正，自我完善。排除過去那些理不清的束縛，卸下以往心理上的負擔，順時隨緣地參與現實，適應現實，讓自己的人生「似舞蝶與飛花共適」、「若滿月偕盂水同倒」般成為真正而又自然的人生。

隨緣順事不是隨波逐流；隨遇而安也不是安於現狀，無所事事，膽小怕事，苟且一生。

在某處的課堂上，老師要學生們做個實驗。他發給每個同學一個袋子，並告訴他們，每當心中有什麼不快、難過、傷心、嫉妒、或非常想要買個什麼新玩意兒的時候，就在袋子裡頭放一顆石頭，並每天都把袋子從學校帶回家裡，隔天再帶到學校來。

一個禮拜過去了、兩個禮拜過去了、三個禮拜過去了，終於，有的學生受不了了，跑去跟老師說：「老師，我們這樣子要到什麼時候呢？袋子已經太重了，我們再也提不動了。」

於是老師說：「那麼，你覺得你們的心就有辦法承擔這些重量嗎？」

唯有放下，我們的心才有自由；背負太多情緒垃圾，只會使我們縛手縛腳而無法繼續向前邁步。

我們現代，實在需要一點「阿Q」精神來對待失意與挫折，須知「人生不盡如意之事，十有八九」，何苦在一些小小的難關面前便尋死覓活、痛不欲生，輕易地放棄自己的生命與信念呢？人的生命只有一次，在短短的數十年間我們要做的事有許多許多，不要將光陰浪費在無謂的閒聊與隨波逐流之中。時運不濟之時何妨多看看書，多學一門有益的技能，以脫俗的做人之道，以高人一步的信念立身，以超然的心態處世待人，當機會一旦叩響了你的大門，你便能攜著春風直上九雲天。

隨遇而安，自可消心中怨氣、怒氣、愁氣，得一雅心、真心、悟心。

5、凡事都有一體兩面

世間萬物皆有其法則，強奪不來，巧取不得。人之福禍，有時同樣是難以預料的。

《淮南子．人間訓》中曾有這樣的一個故事。有一位住在長城邊的老翁養了一群馬，其中有一匹馬忽然不見了，家人們都非常地傷心，鄰居們也都趕來安慰他，而這位老翁卻無一點悲傷的情緒，反而對家人及鄰居們說道：「你們怎麼知道這不是件好事呢？」眾人在驚愕之中都認為是馬丟失後老翁氣瘋了在說瘋話呢，便一笑了之。

可事隔不久，當大家漸漸淡忘了這件事時，老翁家丟失的那匹馬竟又自己回來了，而且還帶來了一匹非常漂亮的母馬，家人喜不自勝；鄰居們驚奇之餘亦很羨慕，又紛紛來向老翁道賀。這次更奇怪，老翁不但毫無欣喜之意，還有些憂心忡忡地對大夥兒說：「唉，誰知道這會不會是件壞事呢？」鄰居及他的家人都笑了起來，認為這次老翁又是被好事樂瘋了，分不清是好事還是壞事了。

可惜不久老翁的話便應驗了。幾天後，老翁的小兒子從那匹新來的馬背上摔了下來，腿斷了。家人們都挺難過的，鄰居們也趕來看望、安慰。只是老翁的態度讓大家不明白，他不僅不難過，相反卻哈哈大笑地對大家說：「這可能是件好事呢！」眾人不明所以，百思不得其解，懷著疑慮各自散了。

事過不久，戰爭爆發，所有的青壯年都被強徵入伍當了兵，戰爭是殘酷的，被抓去當兵的人十有八九都沒能回來，而老翁的兒子卻因跛腿未被徵用，故而能與家人相依為命，平安地生活在一起。

失馬的老翁能高人一步地準確看出福禍相依的關係，又能正確對待所降臨的福與禍，想得開，看得透，淡然對之，順其自然，方能禍來泰然，福來坦然。

福與禍，本是一對孿生子。早在兩千多年前，老子就曾在《道德經》中說：「禍兮福之所倚，福兮禍之所伏」。意即：災禍中總有幸福隱藏，禍是福的先行憑據；幸福裡不免潛伏著災禍、危機，福是禍的潛在前提。

自然界中常有不測之事發生；人生之中常有旦夕禍福出現，因而須有「禍來不必憂，福來不必喜」的豁達胸襟。

在福與禍這對矛盾中，須明白不論福也好，禍也好，均是由主客觀兩方面的原因鑄成的。禍患來時要經受得起，把持得住，順其自然；幸福降至時要冷靜對待，泰然處之，方可樂極不生悲。福與禍常常是偶然與必然的相互轉換，辯證地對待福與禍，才能轉危為安，避禍趨福。

《菜根譚》中說：「多栽桃李少栽荊。便是開條福路；不積詩書偏積玉，還如築個禍基。」「福禍之間僅懸一念，或因一善念而得福，蔭及子孫，澤被後世；或因一惡念而招禍，喪身亡國，塗炭生靈。」

商王帝辛時，有一隻小雀忽然生了一隻烏鴉，引得人們議論紛紛，帝辛也知道了此事，覺得不可思議，便令人為之占卜，占卜的人對帝辛說：「凡是小的生出了大的東西，則預示著國家會吉祥如意，風調雨順，您的聲名亦會提高，得到擁戴。」商王為此吉祥之兆喜出望外，欣悅之情溢於言表，從此沉浸在這吉言之中，不理朝政，且為祝賀這吉言而狂徵暴斂，大興土木，結果導致百姓怨聲載道，民不聊生，國庫空虛，外敵入侵而滅亡了。

這位亡國的君王就是我們熟悉的商紂王。商王帝辛不知善待福的降臨，逆天意而為，此福則成了災禍到來的前因，正如古語云：「天欲禍人，必先以微福驕之，所以福來不必喜，要看他會受。」實應警之慎之。

比帝辛還要早的商朝武丁時候，同為君王的武丁卻剛好與之相反，在國家出現了即將傾覆的徵兆時，能及時改正自己的錯誤，從而得以讓已現出災禍端倪的商朝重新恢復國強民富、興旺發達的景象。即所謂：「天欲福人，必先以微禍儆之，所以禍來不必憂，要看他會救。」

福與禍的到來，不是天降禍福於人，而是因人自身行為、處事的好壞，得體與否的結果，故而孔子告訴我們：「存亡與福禍，都在於自己。並不是天降災禍，地生妖孽，更不能主殺伐。」

幸福乃人人所期望、所追求的目標，災禍卻是人所厭之、惡之、避之的緣由，可世間哪有單純的福、純粹的禍？福禍總是相伴相生。不論福至還是禍降，我們所需要的仍是一顆「平常心」，一種「順其自然」之念，方能超然於物外，「持身如泰山九鼎，凝然不動」。

心境如順其自然，待人處世方能顯己之真性，圓潤得體，曉是非，明利害，不落世情窠臼。這才是智者的境界。

在平淡中發揮自己的作用

有些人看似一夜成名，實則早已投入無數心血，堅固的基礎早已打好了。我們無法一下子成功，只能一步步走向成功。大約四十幾年前，一個青年進入一家公司，在一個部門做了一個小職員。他兢兢業業工作，老老實實做人。在工作中他發現公司管理上的一些弊端，便不斷地給公司高層主管寫信、提出問題。可他的信從沒有得到回音，這個小職員還是老老實實做人、兢兢業業工作，發現問題還是不斷地給上層寫信並提出改進意見。一年、二年、三年……他的信還是石沉大海。這個小職員並沒有氣餒，他的信還是照樣發出。

十年後的一天，他被人帶到總經理的辦公室，他被派到一個分廠任經理，他工作得非常出色。以後，這個小職員又當上這家大公司的總經理，而這家公司就是世界著名的佳能公司（Canon）。

要有從底層做起的思想準備，正像萬丈高樓平地起一樣，要極有耐心地從砌每一塊磚、每一堵牆做起。夢想速成一個建築是不現實的。只有在砌牆加瓦中才會學到真本領，踏上理想的坦途。

其次，要有安於工作的現實態度。不企求一步到位，但求步步到位，對眼前的工作有個正確的態度，並視之為理想崗位的階梯。學會在平平淡淡中發揮自己的作用，讓別人感受到自己是具有真才實學的。

再次，隨時修正自己，即使碰到不順利也能用調節心理來重新獲得平衡。

決心獲得成功的人都知道，進步是一點一滴不斷地努力得來的，就像羅馬不是一天造成的一樣。例如，房屋是由一磚一瓦堆砌而成的；籃球比賽最後的勝利是由一次一次的得分累積而成的；商店的繁榮也是靠著一個一個的顧客逐漸壯大的。所以每一個重大的成就都是一個系列的小成就累積而成的。

西華・萊德先生是個著名的作家兼戰地記者，他曾在一九五七年四月的《讀者文摘》上撰文表示，他所收到的最好的忠告是「繼續走完下一里路」，這裡有其中的幾段：

「在第二次世界大戰期間，我跟幾個人不得不從一架破損的運輸機上跳傘逃生，結果迫降到緬甸、印度交界處的樹林裡。如果要等救援隊前來援救，至少要好幾個星期，那時再逃生可能就來不及了，只有自己設法逃生。我們唯一能做的就是拖著沉重的步伐往印度走，全程長達一百四十公里，必須在八月的酷熱和暴雨的雙重侵襲下，翻山越嶺長途跋涉。

「才走了一個小時，我的一只長統靴的鞋釘刺到另一隻腳上，傍晚時腳又都起泡出血，範圍像硬幣那般大小。我能一瘸一拐地走完一百四十公里嗎？別人的情況也差不多，甚至更糟糕。他們能不能走呢？我們以為完蛋了，但是又不能不走，好在晚上找了個地方休息，我們別無選擇，只好硬著頭皮走下一里路……。

「當我推掉原有工作，開始專心寫一本十五萬字的書時，一直定不下心來寫作，差點放棄我一直引以為榮的教授尊嚴，也就是說幾乎不想做了。最後不得不記著只去想下一個段落怎麼寫，而非下一頁，當然更不是下一章了。整整六個月的時間，除了一段一段不停地寫以外，什麼事情都沒做，結果居然寫成了。

「幾年以前，我接了一件每天寫一則廣播劇本的差事，到目前為止一共寫了兩千個。如果當時簽一張『寫作兩千個劇本』的合約，一定會被這個龐大的數目嚇倒，甚至把它推辭掉。好在只是寫一個劇本，接著又寫一個，就這樣日積月累真的寫出這麼多了。」

「繼續走完下一里路」的原則不僅對西華．萊德很有用，對我們現實中的每一個人也很有用。

按部就班做下去是實現任何目標唯一的聰明做法。比如說戒菸，最好的戒菸方法就是「一小時又一小時」堅持下去，有許多人用這種方法戒菸，成功的比率比別的方法要高。這個方法並不是要求他們下決心永遠不抽，只是要他們決心不在下一個小時內戒菸而已。當這個小時結束時，只需把他的決心改在另外一小時內就行了。當抽菸的欲望漸漸減輕時，時間就延長到兩小時，又延長到一天，最後終於完全戒除。那些一下子就想戒除的人一定會失敗，因為心理上的感覺受不了。一小時的忍耐很容易，可是永遠不抽那就難了。

想要達成任何目標都必須按部就班做下去才行。對於那些初入社會的人來講，不管被指派的工作多麼不重要，都應該看成是使自己向前跨一步的好機會。推銷員只有促成交易時，才有資格邁向更高的管理職位。

牧師的每一次布道、教授的每一個演講、科學家的每一次實驗，以及商業主管的每一次開會，都是向前跨一步、更上一層樓的好機會。

成功並不是偶然得來的，那些暴起暴落的人物，聲名來得快，去得也快，他們的成功往往往只是曇花一現而已，他們並沒有深厚的根基與雄厚的實力。任何人都無法一下子就邁到目標，只能一步步走向成功。

忍受壓力是成功的要素

著名心理學家貝弗奇說得好：「人們最出色的工作往往是在處於逆境的情況下做出的。思想上的壓力，甚至肉體上的痛苦都可能成為精神上的興奮劑。很多傑出的偉人都曾遭受過心理上的打擊及形形色色的困難。」

忍受壓力而不氣餒，並能忍下去，是最終成功的要素。挫折，在一定意義上來說，也是一種挑戰。有挑戰，就應該有應戰，就應該有應戰精神。那就是要忍，我們能夠忍下去，就會轉敗為勝。

挫折本身並沒有任何意義，只有面對逆境的人內心產生某種忍耐力時，挫折才會變成一種動力。通常情況下，人們所面臨的壓力包括輿論的壓力、精神的壓力、競爭的壓力及環境的壓力等。成功者不一定具有超常的智慧，命運之神也不會給予任何特殊的照顧。相反，幾乎所有的成功者都經歷過坎坷、命運多難，他們是從不幸的境遇中奮起前行的。在他們看來，壓力也就是動力。

有很好的抵抗壓力的能力，不怕挫折，是成功者的性格，也是創造成功必修的一課。當壓力來臨時，應該想到是「摘取成功之果」的機會降臨了。

十九世紀末，美國康乃爾大學做過一次有名的青蛙實驗。他們把一隻青蛙冷不防丟進煮沸的水鍋裡，這只青蛙在千鈞一髮的生死關頭突然用盡全力，一下子躍出了那必將使它葬身的滾燙水鍋，安全逃生！

半小時後，他們使用同樣的鍋，但在鍋裡放滿冷水，然後把那隻第一次死裡逃生的青蛙放到鍋裡，接著他們悄悄在鍋底下用炭火慢慢燒。青蛙悠然地在水中享受「溫暖」，等到它感覺到熱度已經熬受不住，必須奮力逃命時，卻為時已晚，它欲躍卻乏力，全身癱軟，終於葬身在熱鍋裡。

這個實驗給我們提示了一個殘酷無情的事實，當生活的重擔壓得我們喘不過氣，挫折、困難堵住了四面八方的通道時，我們往往能發揮自已意想不到的潛能，殺出重圍，開闢出一條活路來。可是在耽於安逸、貪圖享樂或是志得意滿、維持功名的時候，反倒陰溝裡翻船，弄得一敗塗地，不可收拾。人生的一切不正是如此嗎？

歷史上沒有長盛不衰的國家和民族。其實，一盛一衰、周而復始是歷史規律。恰如帕雷托（Vilfredo Federico Damaso Pareto）所言「歷史是貴族的墳墓」，不斷有腐敗的貴族衰落或被淘汰，不斷有新的精英從平民中產生，精英的位置從來不會空缺。不過，因為社會金字塔總是「下大上小，並不是一切底層的人都能進入這種精英循環」。帕雷托的思想符合我們的順境代價之主題，也是認識精英循環的一個視角。從歷史經驗看，越是在壓力的情況下，越能造就成功的人士。

為什麼處在順境和優越條件下的人往往要為此付出代價呢？他們缺少的是什麼？客觀地看，他們缺少的是適當的壓力。壓力太小而刺激太弱，因而也就削弱了當事者適應和進取的動力。很多心理學家認為，壓力是每個人生活中不可缺少的一部分。即使是專門研究壓力危害作用的心理學家漢斯·塞利（Hans Selye）也承認：「壓力是生活的刺激。壓力使我們振作，使我們生存。」

山本先生是一位汽車推銷員，他機智勤快，為人誠懇。這些都是銷售行業所必備的條件。由於他的努力工作，生意十分興隆。有時候，他以為自己永遠能夠這樣。

然而命運卻向他挑戰了。山本先生在開車拜訪客戶的路上，與一輛急馳而來的汽車相撞了，他失去了右腿，迫不得已只好退出了汽車銷售這一行。但是，山本先生並沒有向命運低頭，他仍在尋找抗衡困難的機會。有一天，他從雜誌上看到當時很多人喜歡將老舊的房屋翻修，於是靈機一動，想到了一個主意。他以前在職業學校求學時，傢俱製造和木工這兩科的成績都很優秀，他認為如果將自己的木工技能應用到修繕房屋上，一定可以賺到他生活所需的錢。

開展工作之前，他向職業學校取得了介紹信，又請以前的顧客為他寫了推薦書，證明自己為人可靠而且工作認真。由於昔日大家對山本先生都有很好的印象，所以大家都十分願意為他做這些事。山本還印製了新的商業名片，分送給木材經銷商和木匠，並在當地的舊城區宣傳，讓大家都知道他是專門替人修繕房宅的人。

現在，山本先生的公司已經有了一定的聲譽了，生意興隆。他說：「我以前是做汽車銷售的，命運改變了我的生活，但是我知道自己一定能戰勝命運。」

風箏因逆風而能高飛，在命運的挑戰下，高逆境的信念能支持你。在邁向成功的旅程中，忍受一切艱難險阻，敢於向一切逆境挑戰，你或許得與狂風搏鬥，卻不會有被吹垮的顧慮。

由於要不斷面對隨時隨地可能出現的逆境，我們對付不確定性和變動環境的能力就變得越來越重要。天災、人禍、意想不到的事故，所有這一切對人們都是嚴峻的挑戰。

對許多人來講，挑戰是一個令人頭疼的事情。挑戰是一種長期的、影響深遠的威脅，並且超出了自己控制的範圍之外。我們應該正視挑戰，傾向於積極地對待逆境，並利用它來加強自己的決心。其實，逆境是一種機遇，面對挑戰他們可以更勇敢地迎接它、戰勝它，這類人就是典型的逆境高情商者。反之，不敢接受挑戰，常常為逆境所困擾的人，也就是一個失敗的人。

美國某公司曾經面臨一項重大的重組計畫，一些員工將不可避免地被裁掉。整個公司人心惶惶，結果那些認為自己能控制局勢，ＥＱ高的員工被繼續留用，而那些感到孤立無助的低ＥＱ者則遭到淘汰，他們在正式裁員通知下達前，在心理和身體上表現出太多的憂鬱和痛苦，就自我放棄了。

堅持將會帶來曙光

有了積極的心態和控制自我的能力，就有了戰勝一切困難取得成功的信心。

什麼叫信心？信心就是因為自己有了信仰從而對這個世界有所信任的心理。有了信心，無疑使我們的行動更具有可能性，從而減少了處理事情的難度，一下子就能切中要害，找到目標。

一個喪失了信心的人，連自己的成功也會懷疑，從而喪失了所有的生活意義。這種人是最不可取的，古往今來成大事者都是信心百倍的人。

喬治·康貝爾（George Campbell）誕生時就已雙目失明。「他患的是雙眼先天性白內障。」醫生說。喬治的父親望著醫生，不相信他的話。「難道你就束手無策了嗎？手術也無濟於事了嗎？」醫生搖搖頭，「直到現在，我們還沒有聽說過治療這種病的方法。」喬治不能看見東西，但是他的雙親的愛和信心，使他的生活過得很豐富。作為一個小孩，他還不知道失去的東西。

但在喬治六歲時，發生了他不能理解的一件事。一天下午，他正在和另一個孩子玩耍。那個孩子忘了喬治是瞎子，拋一個球給他：「當心！球要擊中你了！」這個球確是擊中了康貝爾。喬治雖然沒有受傷，但覺得極為迷惑不解。後來他問母親！「比爾怎麼在我之前先知道我將要發生的事？」他的母親嘆了一口氣，因為她所害怕的事終於發生了，現在她有必要第一次告訴她的兒子：「你是瞎子。」

「喬治，坐下。」她溫柔地說道，同時抓住他的一隻手，「我不可能向你解釋得清楚，你也不可能理解得清楚，但是讓我努力用這種方式來解釋這件事。」她同情地把他的一隻小手握在手中，開始計算手指頭。

「1、2、3、4、5，這些手指頭代表著人的五種感覺。」她說道，同時用她的大拇指和食指順次捏著孩子的每個手指。「這個手指表示聽覺，這個手指表示觸覺，這個手指表示嗅覺，這個手指表示味覺。」然後她猶豫了一下，又繼續說：「這個手指表示視覺。這五種感覺中的每一種都能把資訊傳送到你的大腦。」

她就這樣把那表示視覺的手指彎起來，按住，使它處在喬治的手心裡。「喬治，你和別的孩子不同，」她說，「因為你僅僅用了四種感覺，你並沒有用你的視覺。現在我要給你一樣東西，你站起來。」喬治站起來了。他的母親拾起他的球。「現在，伸出你的手，就像你將抓住這個球。」她說。喬治伸出了他的一雙手，一會兒，手接觸到了球，他就把手指合攏，抓住了球。

「好，好。」他母親說，「我要你絕不忘記你剛才所做的事，喬治，你能用四個而不用五個手指抓住球。如果你由那裡入門，並不斷努力，你也能用四種感覺代替五種感覺抓住豐富而幸福的生活。」喬治的母親用了一個生動的比喻，一種簡單的數字來說明問題，這確是使兩個人的思想交流得最快、最有效的方法之一。

喬治絕不會忘記「用四個手指代替五個手指」的信條，這對他來說就意味著希望。每當他由於生理的障礙而感到沮喪的時候，他就用這個信條作為自己的座右銘，激勵自己。這成了他自我暗示的一種形式，在需要的時候，它會從潛意識裡跑出來告誡自己。他發覺母親是對的，如果他能應用他所有的四種感覺，他就能抓住完美的生活。但是喬治的故事並未到此結束。

讀高中期間，他病了，進了醫院。當喬治逐漸康復的時候，他父親給他帶來一個喜訊：科學已經發明了先天性白內障的療法。當然，這種療法有失敗的可能，但成功的可能性大大超過了失敗的可能性。喬治渴望能看見，他願為獲得視覺而冒失敗的危險。

在以後的六個月期間，醫師給喬治做了四次精心的外科手術。每只眼睛各做了兩次手術。喬治的眼睛蒙著繃帶，他在陰暗的病房裡躺了好些日子。終於，揭開繃帶的日子到來了。醫生慢慢地、小心地解去纏繞喬治頭部和蓋住喬治眼睛的紗布。他躺在那兒心潮澎湃！過了好一會，他聽到醫師在他的床邊走動，什麼東西放到了他的眼睛上。

「現在你能看得見東西嗎？」醫師問道。喬治從枕頭上稍稍抬起頭，覺得眼前模糊地出現了一個有色彩的形象。「喬治！」一個聲音說。他熟悉這種聲音。這是他母親的聲音。喬治·康貝爾在他十八年的生命中第一次看見了母親。六十二歲的她有著疲倦的眼睛、起了皺紋的臉和飽經風霜的手。

但是，在喬治看來，她是最美麗的。對他說來，她是一個天使。喬治所看到的是多年的辛勞和忍耐，多年為了要使他的眼睛明亮而表現的摯愛和母性。

直到今日，他還珍惜他第一次所見到的景象——見到他母親的情景。他從這第一次的視覺經歷中就學會了珍惜他的視覺。他說：「我們沒有一個人理解到視力的奇蹟，如果沒有視力我們的生活會多麼困難。」

亞伯拉罕．林肯說過：「人下決心想要愉快到什麼程度，他大致上也就愉快到什麼程度。你能夠決定自己頭腦中想些什麼，你就能控制著自己的思想。」美國加州洛杉磯大學的知名籃球教練約翰．伍頓（John Robert Wooden）曾經說過：「那些懂得好好順應事情走向並坦然面對它的人，終有善果。」

信心終將帶來光明。

積極的思考方式

安徒生有一則名為《老頭子總是不會錯》的童話，這則童話寓意豐富。

鄉村有一對清貧的老夫婦，有一天，他們想把家中唯一值點錢的一匹馬拉到市場上去換點更有用的東西。老頭牽著馬去趕集了，他先是與人換得一頭母牛，又用母牛去換了一隻羊，再用羊換來一隻肥鵝，又把鵝換了母雞，最後用母雞換了別人的一大袋爛蘋果。在每次交換中，他都想給老伴一個驚喜。

當他扛著大袋子來到一家小酒店休息時，遇上兩個英國人。閒聊中他談了自己趕集的經過，兩個英國人聽得哈哈大笑，說他回去包準得挨老太婆一頓揍。老頭子堅稱絕對不會，英國人就用一袋金幣來打賭，三人於是一起回到老頭子家中。

老太婆見老頭子回來了，非常高興，她興奮地聽著老頭子講趕集的經過。每聽老頭子講到用一種東西換了另一種東西時，她都充滿了對老頭的欽佩。

她嘴裡不時地說著：「哦，我們有牛奶了！」

「羊奶也同樣好喝。」

「哦，鵝毛多漂亮！」

「哦，我們有雞蛋吃了！」

最後聽到老頭子背回一袋已經開始腐爛的蘋果時，她同樣不慍不火，大聲說：「我們今晚就可以吃到蘋果派了！」

結果，英國人輸掉了一袋金幣。從這個故事中我們可以領悟到：不要為失去的一匹馬而惋惜或埋怨生活，既然有一袋爛蘋果，就做一些蘋果派好了，這樣生活才能妙趣橫生、和美幸福，而且，你才可能獲得意外的收穫。

人在失意的時候如何自處？愛德加·伯根（Edgar Bergen）的方法值得借鑑。有一天他到郵局去郵購一本攝影的書，從此他滿懷希望，天天等著郵差上門來。最後，郵差總算送來他的包裹。愛德加打開包裹，滿腔歡喜卻像是被人當頭潑了一盆冷水，原來包裹裡面裝的不是他訂的攝影書籍，卻是一本關於腹語術的書。

愛德加馬上又把書包起來，準備寄回去，可是轉念一想，既然這本書就在手上，何不看看再說呢？你也許猜得到結局如何了，愛德加後來變成知名的腹語專家，他創造了許多可愛的角色，他的演出廣受世人的欣賞。他的人生由此而成功。

愛德加．伯根的信念其實很簡單——他拿到一個檸檬，於是就榨了一杯檸檬汁。只要你凡事往好處想，好處就會到來。

成功的意識人人都可以形成

我們在這裡，處於現在；除此之外，人類所有的知識都是妄言，所以請抓緊現在的時刻。每一種情況的忍耐，每一秒鐘的忍耐，都價值無限。我相信，現在未能把握的生命是沒有什麼比腳下踩的地更實在？有什麼比今生更直接？

今生都不積極地把握，憑什麼瞻望來生？今生都不耕耘，憑什麼盼望來生豐收？傾我們最大的力量，以我們最真實的心靈，把握我們有限的今生。

1、先放生活中的「大石頭」

一天，時間管理專家為一群商學院學生講課。

他現場做了示範，給學生們留下一生難以磨滅的印象。站在那些高智商高學歷的學生前面，他說：「我們來做個小測驗」，拿出一個廣口瓶放在他面前的桌上。隨後，他取出一堆拳頭大小的石塊，仔細地一塊塊放進玻璃瓶裡。直到石塊高出瓶口，再也放不下了，他問道：「瓶子滿了嗎？」所有學生應道：「滿了」。時間管理專家反問：「真的？」他伸手從桌下拿出一桶礫石，倒了一些進去，並敲擊玻璃瓶壁使礫石填滿下面石塊的間隙。「現在瓶子滿了嗎？」他第二次問道。但這一次學生有些明白了，「可能還沒有，」一位學生應道。

「很好！」專家說。他伸手從桌下拿出一桶沙，開始慢慢倒進玻璃瓶。沙子填滿了石塊和礫石的所有間隙。他又一次問學生：「瓶子滿了嗎？」「沒滿！」學生們大聲說。他再一次說：「很好。」然後他拿過一壺水倒進玻璃瓶直到水面與瓶口平。抬頭看著學生，問道：

「這個例子說明什麼？」一個心急的學生舉手發言：「它告訴我們，無論你的時間表多麼緊湊，如果你確實努力，你可以做更多的事！」

「不！」時間管理專家說，「那不是它真正的意思。這個例子告訴我們，如果你不是先放大石塊，那你就再也不能把它放進瓶子裡。」

那麼，什麼是你生命中的大石塊呢，與你愛人共度時光，你的信仰，教育，夢想，或是教育指導其他人？……切切記得先去處理這些大石塊，否則，一輩子你都不能做到。

2、讓希望成為你的動力

希望是催促人們前進的動力，也是生命存在的最主要激發因素：只要活著，就有希望；相對的，只要抱有希望，生命便不會枯竭。

希望，不一定是多麼偉大的目標，它可以縮小到平淡生活中的一些小期待、小盼望、小快樂、小滿足，譬如明天會看到太陽，明天要去聽一場音樂會；下星期約了老朋友喝茶，下個月即將有一小筆獎金；陽臺上的一盆花，即將盛開；明天將穿一件新衣，購買一件想要的物品，完成一個嶄新的計畫……雖然在別人眼裡，或許儘是些微不足道的細碎小事，但是，對個人而言，卻能帶來一些樂趣，也都值得等待，這些就都是喜悅的希望。

希望，可能是明天公布考試成績得高分，或是榮登金榜；希望可能是明天見到自己心愛的人，或是獲得自己渴望的答案，也可能是洞房花燭的日子；希望就是這樣平平常常地滿足，從從容容地期盼。

有這樣一個鄉下女子，生長在偏遠的小村子裡。過著日出而作日落而息的生活，她喜愛一項傳統工藝：剪紙，而且達到了比較高的水準。這個女孩子不知從哪裡聽到了這麼一個消息：一些外國人喜歡中國的工藝品，大老遠跑到農家小院去買老太太做的繡花鞋，一雙十美元，值好多錢呢。她想，大都市的外國人多，如果把自己的剪紙拿到那裡一定能賣個好價錢。

十八歲那年，她為自己的剪紙作品進行了第一次嘗試，她帶著省吃儉用賺出來的車資，滿懷希望地到了大都市。但是她沒有想到，大都市藝術品市場裡的剪紙那麼便宜，她帶去的作品一塊錢一張都沒人要，險些連回家的車錢都成了問題。這次嘗試得到的答案是——此路不通，後果是不僅沒賺到錢還賠上了一筆車錢。此時，這位女孩應當把什麼放在第一位？女孩選擇了堅持。她堅持繼續學習剪紙藝術。

二十二歲那年她為自己的剪紙進行了第二次嘗試。她苦苦哀求、軟硬兼施地拿到了父母為她準備的一萬元，交了鎮公所一家美術館的展覽費。這一次更慘，她不僅賠上了父母的錢，還欠下了一大筆債，而且成了鄉鄰茶餘飯後的笑料，這樣的後果她已經無法承受了，只好一走了之，為還錢跑到外地去打工。打工的那段日子儘管她過得很艱難，但除了每天在生產線上拚命工作外，還擠出時間去上一晚間的美術課，處處留心實現自己剪紙夢想的機會。

後來，她做了一次又一次努力。隨著年齡的增長和人生閱歷的增加，她將自己所能了解到的途徑一一嘗試，到美術學校自薦、參加各種各樣的評比和展出、給報紙雜誌寄作品、報名參加電視臺的參與節目、想方設法接觸記者、聯繫贊助做個人展、請工藝品店和市場代賣、去印刷廠推銷自己的設計……。

她的嘗試有許多都失敗了，但她勇敢地承擔每一次失敗帶來的後果，曾被仲介騙子騙了所有的作品，也曾被債主逼得走投無路。每失敗一次都要狼狽不堪地善後，但她每一次在面臨選擇的時候，始終把酷愛的剪紙藝術放在第一位。後來，她有了自己一個小小剪紙工作室，靠剪紙維持自己的生活。她滿足了，快樂地認為自己獲得了成功，因為日夜與她相伴的是剪紙藝術。最後鄉下女孩終於成了遠近聞名的剪紙藝人。

鄉下女孩就是這樣每天給自己一個小小希望，生活便充滿無限活力，然而，她沒有時間去想東想西，去悲春嘆秋了。

一位華人留學生剛到澳大利亞的時候，為了尋找一份能夠糊口的工作，他騎著一輛舊自行車沿著環澳公路走了數日，替人放羊、割草、收莊稼、洗碗……只要給一口飯吃，他就會暫且停下疲憊的腳步。

一天，在一家餐館打工的他，看見報紙上刊出了澳洲電信公司的招募啟事。留學生擔心自己英語不標準，專業不符，他就選擇了線路監控員的職位去應徵。過五關斬六將，眼看他就要得到那高年薪的職位了，不料招考主管卻出人意料地問他：「你有車嗎？你會開車嗎？我們這份工作要時常外出，沒有車寸步難行。」澳大利亞公民普遍擁有私人汽車，無車者寥若晨星，可這位留學生初來乍到還屬無車族。為了爭取這個極具誘惑力的工作，他不假思索地回答：「有！」

「四天後，開著你的車來上班。」主管說。

四天之內要買車、學車談何容易，但為了生存，留學生豁出去了。他在華人朋友那裡借了五百澳元，從舊車市場買了一輛外表醜陋的金龜車。

第一天他跟會開車的朋友學簡單的駕駛技術；第二天在朋友屋後的那塊大草坪上摸索練習；第三天歪歪斜斜地開著車上了公路；第四天他居然駕車去公司報了到。時至今日，他已是「澳洲電信」的業務主管了。

這位留學生的專業水準如何我們無從知道，但他的膽識確實讓人佩服。不完美，也給自己留一份希望去努力。如果他當初畏首畏尾地不敢向自己挑戰，不給自己以希望，絕不會有今天的輝煌。那一刻，他毅然斬斷了自己的退路，讓自己置身於命運的懸崖絕壁之上。正是面臨這種後無退路的境地，人才會集中精力奮勇向前。從生活中爭得屬於自己的位置。

面對生活，不論希望大小，只要值得我們去期待、去完成、去實現，都是美好的，而當我們在進行的過程中，必然會體會到其中的快樂，生命便也因此更豐富，更有意義。

3、有恆為成功之本

「吃得苦中苦，方為人上人」這是我們常常用來激勵自己的一句老話。一個肯吃苦、肯奮鬥、不怕失敗的人，即使尚未成功，但相信他的前途是飛黃騰達的。天生我才必有用，只要我們不怕吃苦，不管是遇到什麼大風大浪，或是急湍暗礁，也唯有在這種環境之下才能激起美麗的浪花；反倒是風平浪靜的海面只能引起小小的漣漪。

大家應該都聽說過沒有了雙手或雙腳的口足畫家吧，他們的人生通常都過得非常坎坷，但從不放棄希望。他用他的嘴巴畫出許多栩栩如生的畫，有的有妻子和小孩過得幸福美滿，他們的恆心與毅力，愈挫愈勇的精神深受人們欽佩。

「有恆為成功之本」，做任何事情恆心與毅力必先具備，這樣的「成功之日」必指日可待。維持現狀就是退步，我們要不斷地求進步，未來是虛幻的，唯有把握當下才是最重要的。

縱觀歷史，古聖先賢也都是奮鬥所換取來的，沒有人一出生就會說話、會走路，都是靠後天培養與學習，所以不管是天才或是笨蛋，只要肯上進，一樣能闖出屬於自己的天空。

所有的成功故事常常都是奠基在失敗之上——華特・迪士尼年輕時單純地嚮往著藝術工作，可是不但家人反對，求職之初更是碰壁。於是，他和友人開設了自己的工作室，但卻支撐不到一個月就倒閉了；再接著，他轉往電影公司任職，從中他發現了另外一片天地，看到了新的方向，於是他又開設了一個影片公司，可惜最後還是因收支不平衡而倒閉了。幾經周折，他在這些期間雖然不斷遇到挫敗，可是逐漸醞釀的作品卻成為了他後來成功的契機，這時創作的米老鼠、和愛麗絲夢遊仙境等雛形，都為他將來雄霸卡通市場的「迪士尼王國」打下了基礎。

只要不放棄，持續地努力和尋找，道路終會在某個時刻出現。如果因為失敗而待在原地不動，那麼機會也將永遠停在遙遠的他方。

4、為人生做好儲蓄

人們在吃飽穿暖之後，知道了要儲蓄，以便在需要的時候支領它，借助它走出困境。每當我們清點一張張金額不大但令人鼓舞的存單時，心裡應該就要有一種感悟：人生，不也是一種儲蓄嗎？

一個人呱呱墜地，便開始儲蓄親情。這一儲蓄會伴隨他或（她）走過一生。他們所儲蓄的，是一種血肉相連的情感，是一筆超越時空的財富，無論離得多遠，隔得多久，都可以隨意支領和享用它們。有了親情這筆儲蓄，即便在物質上很貧困，精神上卻是富有的；而不懂得或丟失了親情的儲蓄，無異於泯滅了本性和良知。

友情，也是人生一筆受益匪淺的儲蓄。這儲蓄，是患難之中的傾囊相助，是錯誤路上的逆耳忠言，是跌倒時一把真誠的攙扶，是痛苦時抹去淚水的一縷春風。真正的友情儲蓄，不是可以單向支領的，而要通過雙方的積累加重其分量。任何帶功利性的友情儲蓄，不僅得不到利息，而且連本錢都會喪失殆盡。

愛情是一種幸福而艱苦的儲蓄。一對陌路相逢的男女，婚前相戀固然需要執著的儲蓄，而要在一個屋簷下應對幾十年的風風雨雨，又需要儲蓄多少和諧、多少默契、多少理解、多少扶助啊！這絕不是靠花前月下、甜言蜜語可以解決問題的。享用這筆儲蓄如享用清冷中的一盆火、泥濘中的一縷陽光、患病時的一句深情的話語、彷徨時的一番溫柔的鼓勵。愛情的常愛常新，需要月月儲蓄、日日積累。

學識的儲蓄需要鍥而不捨。一個人從幼小到成熟的過程，就是不斷地儲蓄知識的過程。接受小學、中學、大學乃至更高的教育，這僅僅是儲蓄知識的一個方面，重要的在於刻苦勤勉，日積月累，不斷地充實和更新知識，堅持活到老學到老，「儲蓄」到老。人生需要儲蓄的東西很多。儲蓄人生，就是要儲蓄人生中那最寶貴、最難忘、最精緻的部分；儲蓄一切至真至善至美。一個人懂得要儲蓄什麼，並知道怎樣去儲蓄，實在是一種智慧與幸運。

5、種下成功的意識

請看這兩位成功人士的事蹟。

畢業於東京大學法律系的大村文年進入「三菱礦業」成為小職員。當公司舉行新人歡迎會時，他對那些與他同時進入公司的同事說；「我將來一定要成為這家公司的總經理。」一他的豪言壯語之後，開始他的長遠計畫。憑其旺盛的鬥志與驚人的體力，數十年如一日，孜孜不倦地工作，如今當然遠遠超過眾多資深的幹部與同事，在毫無派系背景之下，完全憑藉個人實力，衝破險境，終於在三十五歲之後當上「三菱礦業」的總經理。以三菱財團的歷史而言，未到六十歲就成為直系公司的總經理，可說是史無前例。他的就職的確驚動日本工商界人士，內心無不驚訝，並深感佩服。

一位二十四歲的年輕人，充滿自信地走進美國通用汽車公司，應徵做會計工作，他只是為了父親曾說過的「通用汽車公司是一家經營良好的公司」，並建議他去看一看。在應試時，他的自信使主考官印象十分深刻。當時只有一個空缺，而應試員告訴他，那個職位十分艱苦，一個新手可能很難應付得了，但他當時只有一個念頭——進入通用汽車公司，展現他足以勝任的能力與超人的規劃能力。

當主考官在雇了這位年輕人之後，曾對自己的祕書說過，「我剛剛雇傭一個想成為通用汽車公司董事長的人！」這位年輕人就是從一九八一年起就出任通用汽車公司董事長的羅傑・史密斯（Roger Smith）。

羅傑剛進公司的第二位朋友阿特・韋斯特回憶說：「合作的一個月中，羅傑正經地告訴我，他將來要成為通用的總裁。」正是高度自我激勵，指示著這兩位成功人士要永遠朝成功邁進，也是引導他們走向目標的法寶。

好幾年前，鹽湖城住著一位年輕人，他具有勤勞和節儉的美德，並因而獲得許多讚美。但他的一項舉動使他的朋友們都認為他瘋了：他從銀行領出他所有的存款，並到紐約參觀汽車展，回來時還買了一輛新車。

更糟糕的是，當他回到家之後便立刻把車停到車庫中並將每個零件都拆卸下來，在檢視完每個零件之後，他再把車子組裝回去。那些旁觀的鄰居都認為他的行為實在太不正常了，而當他一再重複拆卸組裝的動作時，這些旁觀者就更加確定他瘋了。這個人就是克萊斯勒（Walter Chrysler），他的鹽湖城鄰居們不太了解隱藏在他瘋狂行為中的動機，他們從來都沒有聽過什麼明確目標，也無法理解成功意識對一個人成功的重大影響力。

成功的意識是人人都可以形成的，關鍵是有心人自覺地把它形成了，有的人是根本就沒有考慮到這個問題。這樣的人也無法成功。當你認為它具有潛在的可能，你就去做吧，帶給你的將是你夢寐以求的成功。

要自信地從挫敗中走出來

我們知道，在做成事情的旅途上，我們不僅時時受到外界的壓力，還時時受到自身的挑戰。自身是阻擋我們成功的最大「敵人」，要靠我們自己去對付。因此，我們要敢於做自己的對手，戰勝自己。

首先，我們要在心理上做自己的對手，要有信心，要自信地從挫敗中走出來。有了必勝的信心，才會有做成事情的可能。

其次，應該對自己已做成的事情提出新的挑戰，不要躺在成功的溫床上。今天的我們要超越昨天我們所做的一切行為。我們要盡最大的能力去爬今天的高山。明天我們要爬得比今天更高，後天爬比前一天還要高的山。超越別人的事業並不重要，超越自己已有的事業才是首要的。

再來，應該時時以自己為對手，戰勝自己，直視自己。就像前面講到，我們要時時為自己創立一定的危機或挫敗情境，這樣，才能使自己強大起來，永遠立於不敗之地。

著名成功學家魏特利（Denis Waitley）的朋友科林講述過自己親身經歷的故事。

「若干年前，我實現了人生理想：建築事業蒸蒸日上，有舒適的住宅，兩輛新車，還有一艘帆船，婚姻美滿。應有盡有。」

「突然，股票市場崩潰，一夜之間蓋的房子無人問津。要償付沉重的利息，幾個月就耗盡了儲蓄。以為情況壞到不能再壞的時候，太太突然說要離婚。

「一時間我不知今後如何是好，便決定『揚帆駛向夕陽』，沿海岸從康乃狄克州南下佛羅里達州。可是到達新澤西州海岸之後，我竟然轉向正東航行，直奔大海。幾小時後，我靠著欄杆，『讓海水吞了我該多容易』我心想。

「突然間，船被大浪托高再疾墜。我失去平衡，幸好抓住欄杆，但兩隻腳已浸在冰冷的海水裡。我勉強爬回船上，嚇壞了，心想：『是怎麼回事？我可不想死。』從那時起，我知道必須振作，才能渡過難關。舊日生活已去，必須重建新生才行。」

我們必須做點什麼幫助自己渡過難關。應該堅信我們是能幫助自己走出人生低谷的。魏特利博士教給人們一些克服懼怕困境心理和擺脫困境的方法。

1、哭是健康的發洩管道

專家都說讓自己傷心一陣子很有作用。這並不可恥，流眼淚不僅是傷心的表現，而且是悲哀或感情的發洩。即使悲痛在傷心事發生後一段時間才顯露出來，也沒有關係，只要終究能發洩就行。

2、找到屬於自己的傾訴對象

一旦決定「要好好過日子」，就要找個傾訴對象，跟過來人談談也許最有幫助。

3、讀書可以放鬆身心

初期的震盪過後，一旦重新集中心神開始閱讀，閱讀書籍——尤其是教你自助自療的書籍——能給你啟發，使你放鬆。

4、把不開心的事都藏進日記

許多人把遭逢不幸之後的平復過程逐一記載下來，從中獲得撫慰。此法甚至可以產生自療作用。

5、把過去沒機會做的事當作新目標

要想到人生中還有你所期盼的事，這樣想可以加強你勇往直前再創前景的態度。不妨現在就決定你拖延已久的旅行日期。

6、學習一項嶄新的技能

到社區大學去選一門新課，找個新嗜好，可以學打球。你可以有個異於往昔的人生，可以借新技能加以充實。

7、對自己好一點

在極端痛苦的時刻，哪怕是最簡單的日常事務——起床、洗澡，做點東西吃——都似乎很難。應把完成每一項工作（不論多麼微不足道）都視為成就，獎勵自己。

8、運動能幫助緩解情緒

體育活動的療效特別顯著。有個中年女性在二十一歲的兒子自殺後便心神紊亂，無心做事。她聽朋友之勸參加了爵士樂運動班。後來，她說：「雖然那只是跟著音樂伸展，身子舒服些，心情也好多了。」

運動能使你拋開心事，拋開煩惱，讓你腳踏實地感受自己在做什麼。

9、從沉溺中甦醒

在許多人挨過了創痛期之後，最終會感到必須有所為，也許是創設有關組織，或寫書，或是參與促使公眾關注的活動。在這個過程中會發現，幫助他人是很有效的自療方法。

人人都想做好事情，每一個人都想獲得一些最美好的事物。我們已經從挫敗中慢慢走出來，我們已經覺得挫敗不可怕，挫敗可以被戰勝，但是我們現在缺乏什麼呢？我們還缺乏從廢墟中重建羅馬的勇氣和信心，只有具備了這兩樣，我們才能最終戰勝挫敗，實現「挫敗——做好事情——再挫敗——再做好事情」的成功模式。

盡我們一生去做自己的事

毫無疑問，缺乏積極心態的人，是很難做成任何大事的；相反，一個具有積極心態的人絕不是一個懦夫，因為他相信自己，相信生命。他了解自己的能力，面對困境一點也不畏懼，且能永遠立於不敗之地。他會從所發生的一切事情中掌握對自己最有利的結果。他所堅持的原則是，不斷地將弱點轉化為力量。

積極能使一個懦夫成為英雄，從心志柔弱變成意志堅強，由軟弱、消極、優柔寡斷的人變成積極向上的人。你肯定不願成為一個懦夫，但是當你遇到困境時，也許你會提心吊膽起來，心想：「唉，我要是能逃離這裡該多好呀！」有這種心理的人就是一個典型的懦夫。如果你保持積極的心態，掌握了自己的思想，並引導它為你明確的生活目標服務的話，你就能享受到成功良好的結果，相反，如果你抱持一種消極的心態，而且使之滲透到你的思想之中，以致影響你的工作和生活，你將會嘗到失敗的後果。

美國著名心理學家威廉・詹姆斯（William James）說過：「世界由兩類人組成：一類是意志堅強的人，另一類是心虛薄弱的人。後者面臨困難挫折時總是逃避，畏縮不前；面對批評，他們極易受到傷害，進而灰心喪氣，等待他們的也只有痛苦和失敗，但意志堅強的人不會這樣。他們來自各行各業，有體力勞動者，有商人，有母親，有父親，有教師，有老人，也有年輕人，然而內心中都有股與生俱來的堅強特質。所謂堅強的特質，是指在面對一切困難時，仍有內在勇氣承擔外來的考驗。」

既然如此，那麼你是選擇積極的還是消極的心態？如果你不選擇前者，那麼後者就會被迫自動送上門來，它們兩者之間沒有任何折中和妥協。因此，你必須在兩者中選擇其一。

也許有人會反駁說：「事實果真如此嗎？我一生中就碰到過許多困難與挫折，每當這些時候，我也讀過不少積極心態的書，可是仍解決不了問題。」也許還有人會說：「是的，我也認為那一套沒用。我的事業正陷入低潮，我也試過積極心態這一招，但我的生意依舊毫無起色。積極思想無法改變事實，要不然我怎麼還會遇到失敗呢？」

如果你也如此認為，如果你也對積極心態的力量持一種否定與排斥的想法，那說明你並不完全真正了解積極心態力量的本質；一個有積極心態的人並不否認消極因素的存在，他只是能夠不讓自己沉溺其中。積極心態要求你在生活的一時一事中抱有積極的思想，積極思想是一種思維模式，它使我們在面臨惡劣的情形時仍能尋求最好的、最有利的結果。換句話說，在追求某種目標時，即使舉步維艱，仍有所希望。事實也證明，當你往好的一面看時，你便有可能獲得成功。積極思想是一種深思熟慮的過程，也是一種主觀的選擇。

紐約附近有一個小鎮，鎮上有一位名叫吉姆的男孩，他十分可愛，也是位真正的男子漢，一個真正意志堅強的人。他是個天生頂尖的運動好手。不過在他剛入中學不久腿就瘸了，後來，腿病迅速惡化為癌症。醫生告訴他必須動手術，後來他的一條腿便被切掉了。出院後，他拄著拐杖返回學校，高興地告訴朋友們，說他將會安上一條木頭做的腿：「到時候，我便可以用圖釘將襪子釘在腿上，你們誰都做不到。」

足球賽季一開始，吉姆立刻回去找教練，問他自己是否可以當球隊的管理員。在練球的幾星期中，他每天都準時到球場，並帶著教練訓練攻守的沙盤模型。他的勇氣和毅力迅速感染了全體隊員。有一天下午他沒來參加訓練，教練非常著急。後來才知道他又進醫院做檢查了，並得知吉姆的病情已惡化為肺癌。醫生說：「吉姆只能活六周了。」

吉姆的父母決定先不將此事告訴他。他們希望在吉姆生命的最後時期，能儘量讓他過正常日子。所以，吉姆又回到球場上，帶著滿臉笑容來看其他隊員練球，給其他隊員加油鼓勵。因為他的鼓勵，球隊在整個賽季中保持了全勝的紀錄。為慶祝勝利，他們決定舉行慶功宴，準備送一個全體球員簽名的足球給吉姆。但是餐會並不圓滿，吉姆因身體太虛弱沒能來參加。

幾周後，吉姆又回來了。他這次是來看球賽的。他臉色十分蒼白，除此之外，仍是老樣子，依舊滿臉笑容，和朋友們有說有笑。比賽結束後，他到教練的辦公室，整個足球隊的隊員都在那裡。教練還輕聲責問他：「你怎麼沒有來參加餐會？」

「教練，你不知道我正在節食嗎？」他的笑容掩蓋了臉上的蒼白。

其中一位隊員拿出要送他的勝利足球，說道：「吉姆，都是因為你，我們才能獲勝。」吉姆含著眼淚，輕聲道謝。教練、吉姆和其他隊員談到下個賽季的計畫，然後大家互相道別。吉姆走到門口，以堅定冷靜的目光回頭看著教練說：「再見，教練！」

「你的意思是說，我們明天見，對不對？」教練問。

吉姆的眼睛亮了起來，堅定的目光化為一種微笑。「別替我擔心，我沒事！」說完這句話，他便離開了。兩天後，吉姆離開了人世。

原來吉姆早就知道自己將不久於人世，但他卻能坦然接受。這說明他是一個意志堅強、積極思考的人。他將悲慘的事實轉化為豐富的生活體驗。

或許，有人會說，他還是死了，積極思想最終也未能幫他多少忙，這並不完全對。至少吉姆知道憑藉信仰的力量，在最壞的環境中創造出令人振奮而溫暖的感覺。他不像鴕鳥那樣將頭埋進沙堆，逃避事實。他完全接受了命運，但決定不讓自己被病痛擊倒，他從未被擊倒過。雖然他的生命如此短暫，他仍舊盡力把握它，把勇氣、信仰與歡笑永遠留在他所認識的人們心中。一個能做到這一點的人，你還能說他的一生是失敗嗎？

這就是積極心態的力量，這便是意志堅強，這便是拒絕被打敗，這也就是盡我們一生所有去做自己的事，我們人生的美麗就在這裡。

心中長存一片寧靜的海

穿越了人生的風風雨雨之後，我們就知道必須要有挺立於天地之間的尊嚴。那時我們的氣度也就進入了一個新的境界。

1、選擇適合的發揮環境

人在社會中，為人處事宜外圓內方，方以智、圓以融，剛柔相濟，才是人生的最高境界。以智使「方」，以融使「圓」，孔子的思想和言行使我們得以一窺人類生存哲學的最高境界。

「三軍可奪帥，匹夫不可奪志」表現的是孔子堅定的意志，也就是堅毅的內心。但並不能據此認為孔子的行為言語也是一副不做到不回頭的莽直脾氣。「直」與「君子」，孔子是分得很清楚的，他說：「直哉史魚！邦有道，如矢；邦無道，如矢。君子哉蘧伯玉，邦有道，則仕，邦無道則可卷而懷之。」在他的眼中，任何時候都「像箭杆一樣直」的史魚，雖可為人欽佩，卻只是「正直之士」，而非「君子」。君子應如有理想、有才華、有品行的人。

君子應言行一致，表裡如一，正氣浩然，但也要學會識時世，剛柔並濟，不可一「直」到底。那些遇喜則喜不自勝，遇悲則怨天尤人，哀嘆悲觀之人，是不能算作君子的。孔子言：

「用之則行，舍之則藏」，方為君子處世之策略。但這裡的「藏」不是逃避、隱藏之意，而是指若在不開明、不清廉的環境中，自己的言語應謹慎謙遜之意。

許多人從中學到世故圓滑，不過是得其皮毛而已，並不知道這種與世推移的圓融的處世方式，其根基卻來自於自己內心對事物的執著、堅定的追求。

在孔子的處世哲學中，更具有影響力的是其隱逸思想。孔子曰：「篤信好學，守死善道。危邦不入，亂邦不居。天下有道則見；無道則隱。邦有道，貧且賤焉，恥也；邦無道，富且貴焉，恥也。」

孔子所堅持的「道」不是我們今天所講的一般意義上的道理，而是一種源自修殷、周禮樂傳統的包含社會思想、文化理想的社會秩序。據說周朝的當權者把政、教集於一身，創造出了所謂的王道樂土，朝內朝外並無不同的思想，因而被孔子認為是一個理想與現實統一的完美社會，並以「周鑑於二代，鬱鬱乎文哉，吾從周」的宣言來表達自己對周朝推崇備至、心嚮往之的態度。

「無道則隱」不是孔子的懦夫哲學，不是以逃避的姿態來面對無道的亂世，不是要求人們做一個無責任、少志氣的縮頭烏龜，而應保持「出汙泥而不染」，不與世俗同流合汙的高尚節操，正直人品。

明代呂坤曾說：「故天地之惟理與勢最尊。雖然，理又尊之尊也。廟堂之上言理，則天子不得以勢相奪。既奪焉，而理則常伸於天下萬世。故勢者，帝王之權也：理者，聖人之權也。帝王無聖人之理則其權有時而屈。然則理也者，又勢之所恃以為存亡者也。以莫大之權，無僭竊之禁，此儒者之所不辭，而敢任斯道之南面也。」

從這段話中，我們不難看出，理即道統，它是永恆的，不會屈己就人的，它總是以精神權威淩駕於政權之上。於是，濫觴於孔子之「道」的道統終能匯成一股洪流在漫長的歷史進程中蕩滌著權勢的汙濁。

「篤信好學，守死善道，危邦不入，亂邦不居」是孔子教誨世人應守信誠實地做人，勤於思考、熱衷學習，記住自己擔負的職責，不輕易地以死殉道，不到危險、紛亂的國家、地區去，避免受到不良風氣的薰染。這些是一個人的修養，也正是君子、智者們潔身自好的作為。

「邦有道則見，邦無道則隱」，均是一個人在有了人格修養的基礎上，以「善道」為原則、為中心，以最好的方法去推行「道」，去完善自己人格的一種手段。無論隱逸與否，都是自身人品的體現。

「邦有道，貧且賤焉，恥也；邦無道，富且貴焉，恥也。」孔子此言是講在有道的國家中應該有所作為，若不能推行自己的政治主張，只是碌碌無為地活著做一個平常人實在是「士人」們的一種恥辱；同樣，若在無道的國家中得了富貴，則必然是採取了不正當的手段，與人同流合汙換來的，故更是「士人」們的一種恥辱。孔子的這句話不是教人去謀取高官厚祿，投機鑽營，也不是教人以權、利為重，為目的。因此在有了「善道」這一原則下的隱逸思想便不僅僅是一種生存策略，一種處世手段，而更是一種人類與萬物同生息的存在準則，一種人類自身人格的大圓融。

以「無道則隱」之心，做「有道則見」之事，方能頭腦清醒，眼光敏銳，見識超人，不被世欲之幻象所迷惑，不為人間利欲而動心，能忍、善忍世間平與不平之事、喜或不喜之人，方為大道。

2、真正的閒適

閒暇的時光與現代的快節奏生活能否相容？現代的快節奏生活需不需要閒呢？答案是肯定的。

與閒相對的字為忙，忙字，從拆字術來看是已亡的意思，如果你終日忙得手腳不停，你的思維必定蕪雜紛繁；失卻自我了。而在閒適中，你會猛然發現天地間有一個或碩大或渺小的自己，這處於競爭之外的自己在屋內的沙發上閒坐，喝著啤酒聽著音樂，這競爭之外的自己在感受時光流淌的同時在感受愜意；或行走於花徑，獨享略帶清香的空氣，或徜徉於海灘，聽濤聲陣陣……。

這時的閒不應是消磨時光的靜，而是在積蓄力量的動，其思維正在為下一次衝鋒積蓄力量，或在感悟。

近代心理學研究表明，在工作繁忙時，到戶外散散步或到陽臺曬曬太陽，或聽聽舒緩的音樂，除了消除疲勞之外，還易於活躍思維。看來閒是生活、事業中不可或缺的一份佳餚，如何去烹飪和享受呢？這也是一大學問。

世人除了拚命工作外，還特別注重休閒，其花樣之多，目不暇接。有的下班驅車直奔PUB，在帶著色彩的暗處品著美酒咖啡，間或與友伴共舞，喁喁私語；或在週末進入綠茵場，揮杆三五十；或在海濱拋灑帶鉤的餌料，釣起一串串歡樂；或在麻將臺上立起推倒……這時的時光似乎非常容易走掉，其後的競爭就要到來，日復一日，似乎張弛有度，小日子非常滋潤，然這些有益於競爭嗎？恐怕除了鬆弛神經以外別無更多益處。正因為休閒重要，我們才更為重視，以期在休閒中獲得教益，達到寓教於樂的目的。

唐代著名詩人王維可謂名滿天下，其詩歌成就已是高山一座，但他在詩中不止一次描繪過閒的情境：「我心素已閒，清川澹如此。」「寂寥天地暮、心與廣川閒。」這種閒的情狀已非常態；而是將自身融於萬物之中，在寂靜中求取樂趣的心境。但並非消極的心境，而是在此間以出世的心態觀察分析世間的沉浮，我們從他的另一句名詩中更可以看出這種思想：

「行到水窮處，坐看雲起時。」詩人在霧濕衣衫的環境中看霧靄變幻，定在注視世態，而世態之變莫不如霧靄一樣，於是融情入景的詩句揮灑而就。另外，在這寂寥空曠的溪邊，山谷整理現昨日紛繁的思緒，將這化作富含哲理的詞章，以示同仁及後輩。其閒，便產生了巨大的價值。其閒，只是沒有參與傾軋、販賣、挑撥等外在行動，其內心仍在積極運動。這種閒，在文學藝術家身上表現得尤其突出，他們需要，他們無法脫離。即或是政界、商界中人，能有如此時光，定可求得蹊徑，讓自己物我兩忘、身心自由了。

1）做任何自己想做的事

這種沒有羈絆、任心暢遊的時刻是每個人所企盼的，在閒適之中讀有用之書，記思辨之思，做有益之事是閒的重要之所在。東方儒家文化講求閒情逸致之時同樣提出了立功、立德、立言的要求，如果拋卻事業、工作一味追求閒適，則是消極，虛擲光陰，應在紛繁勞作之外靜享此刻閒暇時光，而在享受閒暇時光之際，應把握生活中其他一些生活技能。

2）在「靜」中享受生命

這是充分感受寧靜祥和的情形，忘卻了爭鬥、煩憂，如同走出喧鬧的都市置身於萬籟俱寂的曠野一般，頓覺清爽怡人。此時靜坐屋內，於清茶中品味人生，生命的目的因此明晰，在沒有燈紅酒綠的時空中明確志向。

3）讓大自然洗滌生活

好不容易盼來休假，收拾行囊，換下沉重的職業裝束，著上休閒服，行進於青山綠水間，但聞鳥語蟲鳴，瀏覽植物們的倩影，感受自然的同時，數月的重荷也就隨之而去，下一步的打拚計畫隨之而生。

在屋頂，在庭院或在陽臺栽種些花木，養三兩隻寵物，你的休閒生活頓然生輝。而這些動、植物在你的照料下健康成長，會讓你感到生命的壯美，讓你更加熱愛生活。而你在欣賞它們時，不會去慨嘆世態炎涼，而充分體味到悠閒與寧靜，所產生的萬千思緒莫不是美好善良的，它們的輕微動態變化，也能撥動你的心弦，讓你遐想……。

4）琴棋書畫可以怡情養性

這是充滿靈性的藝術瑰寶，不喜愛者很少，「琴棋書畫，達士以之養性靈，而庸夫徒賞其跡象；可見事物無定品，隨人識見以為高下，故讀書窮理，要以識趣為先。」當你將它們中任何一樣當做嗜好，你會感受到無窮的樂趣；琴聲悠悠，歌聲陣陣，沉醉其間，心情定會豁然開朗；而在習字作畫時，那墨香營造的氛圍是多麼的高雅，筆走龍蛇，氣韻暢通，色彩繽紛，心胸頓覺舒暢，感受藝術也就是更好地感受生命；至於說到棋，則首推圍棋，黑白二色，方格棋盤，包含了宇宙、生命的意象，千古無同局的萬千變化飽含智慧，當你置身其中時，你會感覺到像將軍在疆場指揮千軍萬馬，正所謂：「漫履楸枰觀局戲，手中悟生殺之機。」琴棋書畫又有眾多不同的內容，以己之好選取其一，不但可豐富人生，而且可借此交上琴友、畫友、棋友，而這些朋友又完全是無利害衝突的清友，是共用美好人生的好伴侶。你的氣質和智慧在其中將會得到改善，為你的成功帶來裨益。

當然，我們也不應拒絕飛車跳傘等現代休閒方式，於工作之外總想全身心地放鬆，讓自己在喜愛的活動中求得輕鬆，讓疲倦的身心，得以恢復。休閒是人生旅途中不可或缺的驛站，應在這裡求得更多的能量，尋求到契機和轉折。

我心已閒是相對的而非絕對的。

3、水至清則無魚，人至察則無友，物至剛則易折

有的人自作聰明誤了前程，有的人要弄小聰明常無功而返，「聰明反被聰明誤」成了許多飽學之士的陷阱，而這一陷阱並非別人所設，而是自己挖掘的。

大凡智深之士常常會製造假像來保護自己，東漢時期曾有一位精明的藩王就非常善於保護自己。

劉睦是東漢明帝的堂侄，博學多才，好結交名士，稍長被封，為北海藩王，他也將其封地治理得非常好。每年年底，藩王都要派人進京賀歲，劉睦叮囑臨行的官員：「你見到皇帝後，就說我自從承襲王爵以來，意志衰退，行動懶散，每日只知吃喝玩樂，對正業毫不用心。」如此一說便省去許多猜忌，如果他叫官員在皇上那裡大表功勞，則有可能招來殺身之禍。而劉睦明哲保身，管它外界的評價如何，還自言不思進取，這看似愚魯的做法實則是大聰明。

要知道，真正的大智大勇不是四處炫耀，四處張揚，凡事你都表現得淋漓盡致沒有遮攔，將會引來眾人的非議，在立身處世你做到有進有退，進就勇往直前，退則要講求技巧。大智若愚則是最好的退路；本來勇猛之士，在必要時要裝出怯懦的樣子，如劉備與曹操的梅園飲酒，曾談論天下英雄，當曹操指出劉備是當世英雄時，劉備大為吃驚，將筷子落在地上，此時的劉備雖有雄心壯志，卻無多大勢力，加之屈於曹操之下，若表現出雄才大略定將遭害，而筷子落地之時天空雷鳴電閃，劉備忙答曰：「一震之威，乃至於此。」掩蓋了曹操試探之言所擊中的慌張，曹操放心而去之後，劉備又開始種地了。

與其說劉備臨機而變是一智，不如說劉備自始至終都在與曹操周旋，他終日種地，不與各路諸侯暢談國事，也不隨處宣揚自己是漢室宗親，為脫離曹操做好了準備。劉備素有統一天下的鴻願，而他的一生中很少有激昂的宣洩場面，他將智慧與雄心掩飾起來，使他逃離了許多災難，而其他諸侯如董卓、袁術的滅亡則與他們過度張揚有關。

李白的詩除了極度個性藝術化外，仍有其深刻的哲理，如：「大賢虎變愚不測，當年頗似尋常人」，劉備在入主四川之前一直被追得東躲西藏，不是尋常輩嗎？當時有幾人知道劉備能成霸業，如果眾人知道恐早就將之圍剿了；在特定環境一定要有蛟龍沉潭一動不動的胸懷，一旦時機成熟方可騰空而起，翱翔九天，如果不暫時委曲求全，被別人阻去進路或被人陷害又哪來日後的翱翔呢？

物極必反，凡事皆有度，因此，大智若愚是不可不學的智謀。在現代工商業社會中，處處是商機，處處也是陷阱。你在商場中時常表現出過人的精明，別人敢與你合作嗎？別人會因怕遭你的算計而寧願放棄，即使你是真誠的。同樣，在公司內部，你太過精明，下屬都會怕你，怕自己說錯話，做錯事而唯唯諾諾，不敢創新。如果你是部門主管或普通員工，你的上司會因你過於精明而不敢重用你。還是表現得愚魯些，掩去些鋒芒吧。

其實，許多現象也說明了這個道理，水至清則無魚，人至察則無友，物至剛則易折。這是古人總結出的一個大規則，著重說明物盛則衰、物極必反的道理，人太聰明（外在表像）總是容易遭致失敗，就應用大智若愚來彌補。

大智若愚是一種計謀，也是一種心境。

4、能容的人格局大

世間之事，總有許多事讓人難以忘卻，耿耿於懷，如被欺騙、被傷害、被逼離鄉背井……多年以後，羽翼漸豐便復仇而來，恩恩怨怨，難以化解，而這些恩仇錄載於各民族的歷史，存在於各個時空，甚至有的恩仇還引起了戰爭，殃及無辜。此種爭鬥，不論誰勝誰負都是耗精費時的，直到成為世代恩仇，於是便有了斬草除根的毒手；而野火燒不盡，春風吹又生，世世代代長此以往，耗盡心力、財力、物力，難獲利益，也難得清靜……究其因，就是不能忍，不能讓。

有的人則善於忍讓，以其寬大的胸懷包納仇怨，結果是名利雙收。

隋末，李淵作為隋朝官員鎮守太原，一方面要抗擊北方突厥，另一方面要追剿強賊。李淵善於用兵，其子及部下又驍勇善戰，許多盜寇紛紛歸降或逃竄，略有功勞。北方突厥鐵騎異常剽悍，因貪戀中原的物產和美女時常前來擄掠。

西元六二八年，數萬突厥騎兵圍攻太原，就在李淵分身乏術之時，強賊劉武周又乘勢搶占了李淵防守的隋煬帝離宮——汾陽宮，將其間的美女珠寶獻給突厥可汗王，突厥可汗大喜，遂封劉武周為定楊可汗，並支持各路強賊興兵作亂，致使李淵部眾腹背受敵，節節失利，大有被隋煬帝降罪的可能。如此兩難境地，部下皆勸李淵與突厥決一死戰，此時的李淵沒有去為個人得失爭一時之長短，而是想圖中原，取代隋煬帝，要這樣就必須西進入關，爭取更大的地域以獲兵源糧秣。但太原又是兵家必爭之地，絕不能放棄，可惜又無重兵據守，如何是好呢？

俯首稱臣。李淵便向突厥可汗敬獻美女珠寶，並約定奪下中原，珠寶美女盡歸突厥可汗，自己僅得土地，得了珠寶美女的可汗答應了，並且沒有攻擊率領少數人馬駐守太原的李元吉，使得李元吉能夠治理好太原，有充足的後源糧秣輸送到中原前線。突厥可汗還將大量騎兵、糧草供給他的「屬下」李淵，使得李淵很快奪下了許多地盤，強盛之後的李淵並未報昔日戰敗之仇，而仍與突厥交好，只不過換了一下地位而已，正如此，才確保了北方的安寧。

如果李淵在戰敗時與突厥死戰肯定敗北，又哪來盛唐基業呢？如果李淵強盛之後急於復仇，那北方肯定是連年廝殺，國力自然衰敗，也無兵力平定南方，大唐疆土可能少去許多，至少要晚許多年才一統天下。能屈能伸大丈夫，李淵的忍讓換來了大唐基業，而他能忍讓是他有海納百川之胸襟，有併吞八方之雄心。正如此，他才沒有與突厥、與劉武周爭一時的名利。

然而在現實生活中，有人因為蠅頭小利與人爭得面紅耳赤，稍有機會便伺機報復；有些人因為受了氣便在人後蜚短流長……嫉妒、恃強淩弱、陷阱紛紛登場，使得人與人之間愈加疏遠，怨恨迭出，於其中又能收穫幾許呢？很多情況是兩敗俱傷，大凡世間之爭鬥均因胸襟狹隘所致，與其陷入紛爭不休，不如忍讓修好，或退避三舍求取成功。許多功成名就之人總是能捐棄前嫌，握手言和，共赴前程。

古人云：和氣生財。在經濟大潮推動下的社會莫不是在其動力下向前奮進的，如果將寶貴的時間與精力耗於無謂的爭鬥之中，那麼你擁有的可能是仇恨、怨恨和貧窮，那麼你的人生也將是失敗的。

多個朋友多條路；多個勇將多份勝利的機會。寬容與忍讓不僅讓人省去許多徒勞還會給人帶來成功和榮耀。

當然，忍讓肯定不是獲取成功的唯一條件，但肯定是成功者應有的品德，要成就事業非一人之力能為，如果與同級爭官階利祿，與下屬爭功搶利，那麼你將被眾人拋棄，終難有所成。反之，則能得到很多的幫助，人多勢眾，可將你推向成功。

海納百川，有容乃大。你所得到的回報將是豐碩而誘人的，那時，也別忘了讓利於有功之士，於是，你的船噸位就會越來越大……。

5、找到真正的中間點

宋朝著名的理學家朱熹，為《四書．中庸》加注，「中者，不偏不倚，無過不及之名。

庸，平常也。」

孔子由「宥座之器」大生感嘆，也從中悟出了「中庸之道」。他說：「君子中庸，小人反中庸。君子之中庸也，君子而時中。小人之反中庸也，小人而無忌憚也。」

對於世間之事，君子沒有規定該怎樣做與不該怎樣做，只要是合理恰當的，就可以做。因此，中庸之道是處世哲學之精髓。

於是，孔子有「不義而富且貴，於我如浮雲」之言，又有「富而可求也，雖執鞭之上，吾亦為之，如不可求，從吾所好」之語。以樂則為準繩，不為利誘，不為物惑，持士之高潔人品立世。

世事如同一根兩端粗細不同的木棍，要撐起這根木棍就必須找到一個支點，若以其木棍中點當作支點，因其兩端粗細不一，一定然無法支起木棍，只有在看似不公允地將其支點偏向粗的一端，使支點兩端的木棍平衡，方能撐起木棍來。

因此，中庸之道不是不偏不倚地和稀泥，而是本著解決問題的原則，在儘量避免鬥爭、矛盾與無謂消耗的前提條件之下，技巧地找到一條解決問題的最佳方法，最佳途徑。

中庸之道就是不禁欲也不縱欲，而主張「六欲皆得其宜」。《韓非子．說林下》中記載：「伯樂教其所憎者相千里之馬；教其所愛者相駑馬。千里馬時一，其利緩，駑馬日售，其利急。」

伯樂是一名高明的相馬者，常有一些販馬的人向他求教相馬之術。伯樂倒也來者不拒，只是在教授經驗之時，對那些品行不好、令人生厭之人只教其相千里馬，原因就在於千里馬難得，也許好多年也碰不上一匹，輾轉跋涉，辛苦自不必言，且路資不菲，因此很難賺到錢。即使偶爾得到一匹千里馬，因其物以稀為愛，常有被皇親國戚霸占之虞，連本帶利一同賠了進去。

反之，伯樂教授那些品行好，自己喜愛的人相百里馬、二百里馬、五百里馬甚或駑馬，因其遍地皆是，故無勞苦奔波之苦，亦無被人覬覦之憂，從從容容，平平常常地每日低價進高價出，於人於己皆無損，賺錢亦是不顯山不露水，何樂而不為？道之中庸，中者即不偏激，不走極端，不過分亦不要不及；不貪生求榮，亦不枉死愚忠；不好高騖遠充老大，也不自暴自棄人窮志短；不低三下四天下人負我，也不專橫跋扈，為富不仁，我負天下人……。

凡人的理想是超凡入聖，先聖哲人的理想卻是超聖入凡。

於是洪應明在《菜根譚》中言：「軀殼的我要看得破，則萬有皆空而其心常虛，虛則義理來居；性命的我要認得真，則萬理皆備而其心常實，實則物欲不入。」

於是張良幫助劉邦打下天下後，功成身退，回歸於平凡，安度晚年；於是范蠡幫助越王勾踐復國後，不辭而別，隱逸於市，帶著西施隱姓埋名，以平淡為樂，安享天倫；於是不肯為五斗米折腰的陶淵明，放棄光宗耀祖的為官一途，解甲歸田，「採菊東籬下，悠然見南山」

地逍遙自在，無拘無束，平平常常，輕輕鬆鬆；於是英國前首相柴契爾夫人，下班後入廚體味凡人之妻之樂，過著俗世凡間平常人的生活；於是做了八年美國總統的華盛頓堅辭終身總統之榮耀，平靜地回到自己的維爾農山莊園，安詳地過著與兒子一起打籬笆樁的普通農人的生活，與世無爭；於是，水在沙漠中可以賣錢；純氧在醫院中可以救人命。

中庸之道，就是平平常常，不以物喜，不以己悲；不爭一時之長短，不辯一事之對錯。中庸之道，是一種基本的思維方式，「中則正」——中庸之道不僅是人之生存之道，亦是人之治國之本。

於是，中庸之道不是退避妥協的逃逸之道；不是萬事取其中、和稀泥的折中之道；不是不擇手段、犧牲弱小者利益的霸權之道。

在制定公司或個人目標時，既不張揚，也不貶抑，應合乎實際，而合乎實際也是一種中庸之道。在整個公司的運作之中，對客戶應講求公道，對下屬應賞罰分明，平等待人，凡事取其中，對實現公司的長遠計畫將大有裨益。

交結朋友，應認同別人的優點和觀點，也要接納別人的缺點和歧義。在整個交際活動中，不要嫌貧愛富，攀高抛低。如此，方能擁有四海知己，獲得更多的支持與幫助。

第三章

掌握自我價值

你對自己的態度決定了你的前途，
你想著自己是什麼樣的人，
你就會成為什麼樣的人。

健康是一個人最大的本錢

生活是一個完美和諧的整體，才是我們真正想要的生活。任何不和諧的東西——虛弱的身體、疾病以及不健康的心理心態等都是不正常的，都不是生活的必要的組成部分。要想獲得健康、幸福和成功，我們必須要有健康的身體，而通向真正幸福和財富的路也只有這麼一條。

一個人就像一個鬧鐘，如果得到正確的保護，將會走得很準而且能用一個世紀。但是如果不注意保護，隨便濫用的話，它將很快失去正常的秩序，越來越疲勞，即使是正常的壽命也將會被大大地縮短。

1、鍛鍊身體的重要性

常言道，身體乃人生的本錢。我們想得到幸福人生，必須鍛鍊身體。班尼斯特（Roger Gilbert Bannister）曾經在一九五四年五月六日第一次打破四分鐘跑一英里的世界紀錄，實現了體育界長期以來所尋求的夢想。

他的心臟比平常人大百分之二十五，但他身體的另一些部分的發育就不及一般人。於是他開始鍛鍊身體的每個部分，同時，他還透過爬山去訓練他的心理，培養他克服困難的意志。更重要的是，他學會了把一個人的大目標分解為若干小目標。

他在訓練中先是衝刺第一個四分之一英里，然後就繞著跑道慢跑，作為休息。接著他再衝刺另一個四分之一英里。他的目標是以五十八秒鐘或更少的時間跑完四分之一英里。他總是跑到極限點，而每次，他都在加大訓練極限。終於，他用了三分五十九秒六的成績打破了一英里長跑的世界紀錄，並為其他一英里長跑運動員開拓能取得新成就的道路。

我們在日常鍛鍊中當然可以不必像職業運動員那樣強烈的訓練，但遵循的法則都是一樣的。鍛鍊全身，不可以僅僅鍛鍊一部分身體，全身是一個整體，身體機能是相互協調的，僅僅是一方面的優異反而可能帶來整體不協調，出現問題。

不停地為自己製造極限。然後不斷地達到並超越它，這是鍛鍊意志力的重要方法。成功在大部分時候就是來源於意志力，一個人身體內的能量是巨大的，但如果我們不積極地去使用，則可能浪費掉。澳洲的唐恩．弗萊芝給了我們一個極好的例證。

弗萊芝生不逢時，命運多桀，她誕生於爾曼郊區的水邊，一直患有貧血。但是她下了一個特大的決心，要成為一位偉大的游泳冠軍。後來她果然成了世界上最著名的女游泳運動員之一。她就是在不停地鍛鍊身體的同時，增強心理訓練。她一直在讓自己對於每一次游泳都要盡全力，不斷地超越自我。她對自己的理想抱著絕對的信念，每時每刻告訴自己，一定能成功的。

身體健康，是人生奮鬥的基礎。請你鍛鍊身體吧，為了不做一個在墳墓裡最富有的人。

2、善待身體與健康

如果把青年時期比喻為早晨八九點鐘的太陽，那麼中年時期就可比喻為如日中天。不少中年人自認為體魄強健、精力充沛，對於養生保健漠不關心。有人甚至說到老年時再養生保健亦不為晚。其實，此言差矣。

人到中年確是一生中的鼎盛時期。但也正是在這一時期，人體已步人衰退的前期，只是自己尚未覺察而已。研究者提出，女子抗衰老，三十六歲是關鍵。因為女性在這個年齡階段體內雌激素的含量開始下降，而雌激素正是女性風采的關鍵，一旦降低，肌肉的彈性和皮膚的光澤都要受到影響；美國保健專家約翰．萊斯博士則指出：男性年過四十，易患糖尿病、高血壓等心腦血管病。如果在這個年齡階段不加以注意，很可能享受不到奮鬥的成果。

如何保健呢？養成良好的生活習慣，起居有常；注意營養合理，講究膳食平衡；善於調攝情志，預防疾病；經常參加體育鍛鍊、增強體質。這些方法一般是可行的。

3、怎麼樣才能健康又長壽

事業的成功，常常和健康長壽相輔相成。美國石油大王洛克菲勒（John Davison Rockefeller），就是億萬富翁的企業家，又是健康長壽的佼佼者，他活了九十七歲。發明大王愛迪生活了八十四歲、鋼鐵大王卡內基八十四歲、日本企業鉅子松下幸之助九十多歲、美國成功學專家拿破崙．希爾八十七歲……這些人是怎樣做到事業成功又健康長壽的呢？

首先要有積極的心態。積極的心態會促進你的心理健康和身體健康、延長壽命。而消極的心態一定會逐漸破壞你的心理健康和身體健康，縮短你的壽命。洛克菲勒退休後，他確定的主要目標就是保持健康的身體和心理，爭取長壽，贏得同胞的尊敬。他達到這個目標的綱領是這樣的：

第一，每星期日去參加禮拜，記下所學到的原則，供每天應用。

第二，每晚睡八小時，每天午睡片刻。適當休息，避免有害的疲勞。

第三，每天洗一次盆浴或淋浴，保持乾淨和整潔。

第四，移居佛羅里達州，那裡的氣候有益於健康和長壽。

第五，過有規律的生活。每天到戶外從事喜愛的運動——打高爾夫球；吸收新鮮空氣和陽光；定期享受室內的運動、讀書和其他有益的活動。

第六，飲食有節制，細嚼慢嚥。不吃太熱或太冷的食物，以免燙傷或凍壞胃壁。

第七，汲取心理和精神的維生素。在每次進餐時，都說文雅的語言，並同家人、祕書、客人一起讀勵志的書。

第八，雇用畢格醫生為私人醫生。（他使得洛克菲勒身體健康、精神愉快、性格活躍、愉快地活到九十七歲高齡。）

第九，把自己的一部分財產分給需要的人共用。

洛克菲勒透過向慈善機構的捐獻，把幸福和健康送給了許多人，在他贏得了聲譽的同時，他自己也得到了幸福和健康。

你應當認識到積極的心態會吸引成功，然後才能得到成功。但是，在使用積極的心態時不要忽略了你的健康。

衛生同樣對身體的健康有很大的影響。懂得衛生中很關鍵的一點就是要有正確的飲食之道。從飲食中攝取養分，增強身體要有正確的飲食觀。人們只有在生活中注意飲食方法及飲食宜忌的規律，並根據自身的需要，選擇適當的食物進行補養，才能有效地發揮並維持生命活力，提高新陳代謝的能力，保持身心健康。具體地說，飲食具有補充營養、預防疾病、延緩衰老的作用。

飲食要節制，不能隨心所欲，要講究吃的科學和方法。飲食過量，勢必加重胃腸負擔，使食物滯留於腸胃，不能及時消化，就影響了營養的吸收和輸運，脾胃功能也會因承受過重而受到損傷。擁有積極的心態，注意飲食衛生，你就能夠健康長壽。

提高自信就是增加魅力

在文學名著《簡愛（Jane Eyre）》中，財大氣粗、性格孤僻的莊園主羅傑斯特，怎麼會愛上地位低下而又其貌不揚的家庭教師簡愛呢？因為簡愛自信自尊，富有人格的魅力。

當主人羅傑斯特向她吼叫「我有權蔑視你」的時候，歷經磨難的簡愛用自信和自尊的鎮靜語氣回答：「你以為我窮，不好看，就沒有感情嗎？……我們的精神是平等的，就如同你和我將經過墳墓，同樣地站在上帝面前。」正是這種自信的氣質，使她獲得了羅傑斯特由衷的敬佩和深深的愛戀。

簡愛這個普通婦女的藝術形象，之所以能夠震撼和感染一代又一代各國讀者的心靈，正是她以自信和自尊為人生的支柱，才使自己的人格魅力得以充分展現。相貌平平者，不必再為自己的貌不驚人而煩惱，因為「一個人越自信，這個人的性格越迷人」。增加幾分自信，我們便增加了幾分魅力。

拳王阿里有一個綽號叫「牛皮詩大王」。他每次比賽前都喜歡作詩，以表達自己必勝的自信心。如他經常宣傳的詩句是：

最偉大的拳主，二十年前便已露鋒芒。
我美麗得像一幅圖畫，能把任何人打垮。
他預告哪個回合取勝，就像這是必然的事情。
他把敵人玩弄於掌中，迅如雷，疾如風。

也許正是因為心中充滿了自信，才使得阿里一次次擊敗對手。在世界上，人們可能不知道某國總統是誰，但人人都知道拳王阿里。

英國的布朗說：「處於現今這個時代，如果說『做不到』，你將經常站在失敗的一邊。」學著對自己仁慈些，列出一張自己勝利和成功的清單。當你想到自己已完成的事時，你對能做的事會更有信心。

只有失敗者才會把注意力集中在失敗和缺點上。大多數人所表現出的自信要大過我們所意識到的，我們很早便知道要相信自己。所以，在跨出第一步時，你就相信自己會走；在說出第一句話之前，你就相信自己會說；因為你先相信，所以你會去完成它。

麥克阿瑟（Douglas MacArthur）在西點軍校入學考試的前一晚相當緊張。他母親對他說：「如果你不緊張，就會考取。你一定要相信自己，否則沒人會相信你。要有自信，要自立。即使你沒通過，但你知道自己已全力以赴了。」放榜後，麥克阿瑟名列第一。

當我們相信自己能做出最好的成績時，你不僅會發現自信提高，而且會發現自信會有助於我們自己的表現。

由自己決定自己是誰

演技派電影明星達斯汀・霍夫曼（Dustin Hoffman）在「金球獎」的頒獎典禮上接受終身成就獎時，提到一個真實的小故事。

三十年前，有一次他為了《畢業生》那部電影宣傳，碰巧與音樂大師史特拉汶斯基（

Igor Fyodorovich Stravinsky）在同一個地點接受訪問。主持人問起史特拉汶斯基，何時是他一生當中最感到驕傲的時刻——新曲的首度公演？功成名就、掌聲四起？史特拉汶斯基都加以一一否認，最後，他說：「我坐在這裡已經好幾個小時了，這之間，我一直不斷地在為我心中的一個音符絞盡腦汁，到底是『Do』比較好？還是『Me』？當我最後發現眾裡尋她千百度那一個音符的一剎那，是我人生中最快樂、最驕傲的時刻！」他被大師感動得當場哭了起來。

如同偉大的作曲家心無旁騖、孜孜不息地尋找一個最能感動他的音符，不管是從事何種行業的人，都必須認識自己的潛能，確定最適合自己的發展方向，否則就很可能會埋沒了自己的才能。

對於科學人才來說，也有許多自我埋沒的現象。愛因斯坦（Albert Einstein）在大學時的老師佩爾內（J. Pernet）教授有一次嚴肅地對他說：「你在工作中不缺少熱心和好意，但是缺乏能力，你為什麼不學醫、不學法律或哲學而要學物理呢？」幸虧愛因斯坦深知自己在理論物理學方面有足夠的才能，沒有聽那個教授的話。否則，也許我們的物理科學就不會像今天這樣了。

科學的門類不同，需要的素質與才能也不同。比如：做一個傑出的臨床醫生，必須具有很好的記憶力；研究理論物理學，抽象思維能力不可少；一個數學家沒有必要非得具備實際操作、設計和做實驗的能力，雖然這種能力對於一個化學研究者來說是必不可少的；而天文學主要是一門觀察科學，需要很好的觀察能力、濃厚的興趣和長久細緻進行觀察的毅力。

人的興趣、才能、素質也是不同的。如果我們不了解這一點，不能把自己的所長利用起來，我們所從事的行業需要的素質和才能正是我們所缺乏的，那麼，我們將會自我埋沒。反之，如果我們有自知之明，善於發展自己，從事我們最擅長的工作；我們就會獲得成功。

一些遺傳學家經過研究認為：人的正常的、中等的智力由一對基因所決定。另外還有五對次要的修飾基因，它們決定著人的特殊天賦，起著降低智力或升高智力的作用。一般說來，人的這五對次要基因總有一兩對是「好」的。也就是說，一般人總有可能在某些特定的方面具有良好的天賦與素質。

珍・古德（Dame Jane Goodall）清楚地知道，她並沒有過人的才智，但在研究野生動物方面，她有超人的毅力和濃厚的興趣，而這正是做這一行所需要的。所以她沒有去攻讀數學、物理學，而是進到非洲森林裡考察黑猩猩，終於成了一個有成就的科學家。

所以，每一個人都應該努力根據自己的特長來發展自己、量力而行。根據自己的環境、條件、才能、素質、興趣等，確定前進方向。不要埋怨環境與條件，應努力尋找有利條件；不能坐等機會，要自己創造條件；拿出成果來，獲得社會的承認，事情就會好辦一些。從事科學研究的人不僅要善於觀察世界，善於觀察事物，也要善於觀察自己，了解自己。

每個人都有無限潛能

自然現象也包含著人生哲理。尼加拉瓜大瀑布在好幾千年間有上萬億噸的水從一百八十英尺的高處奔湧而下，墜落到深淵裡，毫無意義地流失掉。然而有一天，一個人制訂了一個計畫——利用了這巨大能量的一部分。他使一部分下落的水流有目的地經過一個特殊的裝置，從而產生出上千萬千瓦的電力，推動了工業發展的巨輪。從此，成千上萬的家庭有了光明，成噸的糧食被收割，大量的產品被生產並運輸到各地。這種新的能源，使人們有了工作，孩子們受到了教育，道路被開通，高樓、醫院被建造。它帶來的好處是說不完的。總之，這一切能實現，都是因為人們發現並利用了尼加拉瓜大瀑布的能量，讓它為一個特殊的目的服務。

《鑽石寶地》一書的作者拉塞爾・H・康維爾（Llacer H. Convair）指出：「我們也要學會儘快發現和利用自己的潛力和才能。」

《聖經》有一個關於才能的故事。有三個人，第一個只有一種才能；第二個有三種，第三個人有五種。基督給了他們才能後，去了一個遙遠的國度。當很久以後他回來時，問起這三個人在此期間做了什麼。

第三個人回答說他利用這五種才能努力工作，現在已經有十種才能了。基督很高興，誇獎他說：「做得好，忠誠的優秀的僕人，你很會利用所賜的才能，我將賜給你更多的才能。」第二個人也同樣地增加了自己的才能。當問起第一個人時，第一個人回答說：「基督，你給別人很多才能，卻只給了我一種，這不公平。而且，我知道你是嚴厲又殘忍的主，樂於不勞而獲，所以我把它埋葬掉了。」

基督很生氣地說：「你這又懶又壞的奴僕。」於是取走了第一個人的才能並賜給了第三個人。

從此，世上的新生兒就總是在說「貧益貧，富益富」或「多者多得，多者多行」。《聖經》上說「讓富有的更富有」，其意義很清楚，即掌握並利用我們的才能，那麼我們的才能不僅會增加而且會帶給更多的收益。

相信的力量

在我們的成長過程中，一定要痛下決心改變我們個性中的某些薄弱環節。

對畏縮、膽怯和害羞的人來說，如果能展現出大無畏堅忍的神態，如果能表現出自信的樣子，對他們往往大有裨益。同時，我們也要盡可能地增強我們的信心，在很大程度上，運用自我激勵的辦法可以使我們成功地做到這一點。

如果我們希望自己成為英雄人物，我們一定要激勵自己使你擁有無所畏懼的思想，我們絕不能害怕任何事情，絕不能使自己成為一個懦夫、一個膽小鬼。

如果你一直膽小怯懦，如果你容易害羞，那就不妨使自己確信——自己再也不會害怕任何人、任何事，那就不妨使你昂起頭、挺起胸來，你不妨宣稱你的男子漢氣概或是你的巾幗不讓鬚眉的氣概。一定要痛下決心改變我們個性中的薄弱環節。

如果一個人顯得孤僻、畏縮和害羞，那麼，這種不斷地宣稱「我是……」的哲學，這種不斷地宣稱「我是生來就要有所成就的人，我將會是有所成就的人」的態度，和一點點的日常訓練——即培養自己承擔責任的勇氣和自信心的訓練，無疑都會使一個膽怯懦弱的人以令人驚訝的速度成長為一個堅強勇敢的人。

如果你的父母和教師說你是一個笨蛋，是一個傻瓜，那麼，每當你想到這一說法時，你要堅決否認。你要不斷地宣稱，你並不愚蠢，你有能力，你將向那些不相信你的人們表明，你能做成其他人能成就的任何事。

或許很多人都聽過這個故事：有個村姑，由於從小就生活在鄉下，身邊的人從來也沒有稱讚過她漂亮，因此總對於自己的長相有些自卑，出門的時候總是彎腰駝背的，不好意思和人多談上幾句。有一天，她在路上看到了一朵閃耀著金黃色光輝的花朵，她心想：「好漂亮啊！這朵花一定是擁有某種神祕的力量。」她深深地覺得，只要戴上了這朵花，她一定會變得很漂亮。

於是，第二天，她插上了這朵花，開心地出門去了。果然，市場裡那些平常不和她說話的人們，紛紛和她打招呼，她也用燦爛的微笑回應著大家；她覺得心情好極了，於是便停在水果攤前多挑了幾個蘋果，老闆娘熱切地說到：「哇，小姐，妳是發生了什麼好事，怎麼今天變得這麼漂亮呢？」

開心的她帶著滿滿的幸福和愉悅回到了家，這時才發現——原來，那朵花她一直放在桌上並沒有戴出門。

這個故事告訴我們，自信是一種能改變自己的能量，是成功的泉源。

無論別人如何評價你的能力，還是你面臨什麼困難，你絕不能容許自己懷疑能成就一番事業的能力，你絕不能對自己能否成為傑出人物心存疑慮。要盡可能地增強你的信心，在很大程度上，運用自我激勵的辦法可以使你成功地做到這一點。

認識別人眼中的自己

人生最大的難題莫過於：認識自己！

許多人談論某位企業家、某位世界冠軍、某位著名電影明星時，總是讚不絕口，可是一提到到自己，便一聲長嘆：「我不是成才的料！」他們認為自己沒有出息，不會有出人頭地的機會，理由是：「生來比別人笨」、「沒有高級文憑」、「沒有好的運氣」、「缺乏可依賴的社會關係」、「沒有資金」……等。而要獲得成功就必須要正確認識自己，堅信「天生我才必有用」。

嚴重的自卑感相當容易扼殺一個人的聰明才智。另外，它還可以形成惡性循環：由於自卑感嚴重，不敢做或者做起來縮手縮腳、沒有魄力，這樣就顯得無所作為或作為不大；旁人會因此說你無能，旁人的議論又會加重你的自卑感。因此必須一開始就打斷它，丟掉自卑感，大膽起來做。

謙虛是一種美德，但是缺點往往是優點的過分延伸。過於謙虛，或者由於自卑而謙虛，都是不應該的。幾乎每一個科學家都是非常自信的人。自信，可以使你精神振奮、勇於進攻、戰勝困難。所以，必須積極尋找自我解脫之路，走出自卑的心理毛病。

當然，在自我評價時，不妨把分打得低點，對自己嚴厲一些。這樣以低姿態朝前衝，如果結局超過了估計，我們也會欣喜的。低姿態就是為自己準備一份驚喜機會。

如果我們過分自我膨脹，必然翻船。其實，每個人都有弱點、缺點。既然知道自己的短處，就要去改正。若一味地畏懼他人直言指出你的短處，那就永遠不知道問題出在何處而沒法進步了。對每個人而言，知道他人如何評價肯定自己的工作表現，是非常重要的事。若想今後博得他人更多的重視和評價，卻不能察覺到問題的存在而加以糾正、避免，那就只能屈居第三流人物了。

對危機不了解，可能造成極大的損失。客觀地認識你自己這當然是困難的，然而作為一個想正正經經做一番事業的人，對自己先要有個正確的認識。

人在生活中有成功也有失敗。然而，傳統觀念使人們注意從失敗中吸取教訓，而不注意對成功的研究。所以失敗在人的心理上留下的印痕更深。倘若一個人失敗的次數多了，就容易把自己看得一無是處。

一個全面而客觀的自我認識應該包括成功和失敗兩部分。自卑者一旦把視野拓寬或換一個角度來看，就會突然發現一個完全不同的自我。請記住心理學家羅伯特．安東尼（Robert Antoni）的下面這段話：「將自己的每一條優點都列出來，以讚賞的眼光看看他們。經常看，最好背下來。將注意力集中於自己的優點，你會在心裡樹立信心：你是一個有價值、有能力、與眾不同的人。無論什麼時候，你只要做對一件事，就要提醒自己記住這一點，甚至為此酬謝自己。」

命運取決於心態

有些人在失敗時總歸咎於命運，認為那是命運的安排，實際上，世間並沒有神主宰人們浮浮沉沉的命運，人若自敗，必然失敗。

在每個地方，儘管有一些人抱怨他們的環境這也不行那也不行，他們沒有機會施展自己的才華，但是，就是在相同的條件下，也有一些人卻設法取得了成功，使自己脫穎而出，聞名天下。

我們常常會遇到這樣那樣的困難，困難會使我們受到挫折和打擊，使我們產生失敗感、自卑心，這不利於我們實現自己的理想，但善於激勵自己則可以及時地調整自己的精神狀態，使我們自己從困難的陰影裡走出來。

激勵是一種積極的心理暗示。我們不妨試試每天早上對著鏡子對自己說：「我是一個有用的人，我有極高的才能和天分，這必須要感謝上天，它使我有健康的身體與堅毅的精神、對他人富有同情心，我具備如此多優點，絕不可能不獲成功的。今天我一定會遭遇好運，因為清早起來我就感覺非常愉快，對於工作我一定積極去做。」

假若每天清晨醒來時，能夠把以上的話重複三遍，那麼我們一天的精力就會格外充沛。這些話，也不妨在洗臉的時候，對著鏡子說三遍；等到進入辦公室時，再在落地鏡前有力地重複，並且加上一點身體動作。

越是重複說這樣的話，一股無形的力量便會激發你心府的潛能，使它充滿你的全身，這是一種非常奇妙的作用。由於鏡中呈現的是自己的具體形象，因此更可以感覺出自己的堅強和自信。

古印度莫臥兒皇帝在一生中也經歷過許多次失敗。有一次，他不得不在一個馬槽裡躲避敵軍的搜捕。作為一國之統帥不得不躲在馬槽裡，他越想越喪氣，簡直忍不住要衝出去放棄自己的生命，就在這時，他看到馬槽裡有一隻螞蟻在艱難地拖著一顆玉米粒試著爬過一道看來它不可能過去的凹陷處。已經是第六次了，螞蟻從凹陷處翻滾下來，但小小的螞蟻似乎沒有意識到困難的巨大，它又一次銜起玉米粒爬了上去，終於它成功地翻了過去。莫臥兒從中受到了巨大的鼓舞，脫險後他再一次招集軍隊，不屈不撓地與敵人鬥爭，最後他建立了中世紀最後一個橫跨亞非歐的帝國。

許多具有真才實學的人終其一生卻少有所成，其原因在於他們深深為令人洩氣的自我暗示所害。無論他們開始想做什麼事，總是胡思亂想著可能招致的失敗，他們總是想像著失敗之後隨之而來的羞辱，一直到他們完全喪失創新精神或創造力為止。

對一個人來說，可能發生的最壞事情莫過於他的腦子裡總認為自己生來就是個不幸的人，命運女神總是跟他過不去。其實，在我們自己的思想王國之外，根本就沒有什麼命運女神。我們就是自己的命運女神，我們自己控制、主宰著自己的命運。

我們的命運，或是我們自己認為的所謂殘酷的命運，其實與我們自己有莫大的關係。我們經常看到有些能力並不十分突出的人卻工作得非常不錯，而我們自己的境況反不如他們，甚至於一敗塗地，我們往往認為有某種神祕的命運在幫他們，而在我們身上有某種東西總是在拖我們的後腿。但是，實際上卻是我們的思想、我們的心態出了問題。

培養反敗為勝的勇氣

在人生路上，反敗為勝是一種成熟的象徵，因為這是在絕境中最強烈求勝欲望的總爆發、總表現。一個人可以沒有錢來支配自己的時光，但必須有反敗為勝的毅力，才能自我拯救，變成真正的成功者。

能夠反敗為勝是一個人成大事最直接、最鮮明的標誌。尼采（Friedrich Wilhelm Nietzsche）認為，優秀傑出的人「不僅忍人所不能忍，並且樂於進行這種挑戰。」當你在某一刻突然遭受挫敗的時候，不要以為天下就你一個人會遭遇到這樣的事情，事實上人在成大事的過程中，都有失敗的可能。如果失敗了，需要我們進發出反敗為勝的勇氣。

能夠反敗為勝是一個人成大事最直接、最鮮明的標誌。也就是說，面對已經失敗的局面，成大事者能在失敗的地方站起來，重塑自我。偉大的心理學家阿德勒（Alfred Adle）終其一生都在研究人類及其潛能，他曾經宣稱發現人類最不可思議的一種特性——「人具有一種反敗為勝的力量」。瑟爾瑪．湯普森講述了自己的經歷正好印證了那一句話：

「戰時，我丈夫駐防加州沙漠的陸軍基地。為了能經常與他相聚，我搬到那兒附近去住，那實在是個討厭的地方，我簡直沒見過比那兒更糟糕的地方。我丈夫出外參加演習時，我就只好一個人待在那間小房子裡。熱得要命——仙人掌樹蔭下的溫度高達攝氏五十二度，沒有一個可以談話的人。風沙很大，所有我吃的、呼吸的都充滿了沙、沙、沙！

「我覺得自己倒楣到了極點，覺得自己好可憐，於是我寫信給我父母，告訴他們我放棄了，準備回家，我一分鐘也不能再忍受了，我情願去坐牢也不想待在這個鬼地方。我父親的回信只有三行，這三句話常常縈繞在我心中，並改變了我的一生：『有兩個人從鐵窗朝外望去，一人看到的是滿地的泥濘，另一個人卻看到滿天的星辰。』

「我把這幾句話反覆念了好幾遍，覺得自己很丟臉。決定找出自己目前處境的有利之處，我要找尋那一片星空。

「我開始與當地居民交朋友，他們的熱情令我動容。當我對他們的編織與陶藝表現出很大的興趣時，他們會把拒絕賣給遊客的心愛之物送給我。我研究各式各樣的仙人掌及當地植物。我試著多認識土撥鼠，我觀看沙漠的黃昏，找尋三十萬年前的貝殼化石，原來這片沙漠在數萬年前曾是海底。

「是什麼帶來了這些驚人的改變呢？沙漠並沒有發生改變，改變的只是我自己。因為我的態度改變了，正是這種改變使我有了一段精彩的人生經歷。我所發現的新天地令我覺得既刺激又興奮。我著手寫了一本小說——我逃出了自築的牢獄，找到了美麗的星辰。」

瑟爾瑪·湯普森所發現的正是耶穌誕生前五百年希臘人發現的真理：「最美好的事往往

也是最困難的。」

哈里・愛默生・佛斯迪克（Harry Emerson Fosdick）在二十世紀再次重述它：「真正的快樂不見得是愉悅的，它多半是一種勝利。」沒錯，快樂來自一種成就感，一種超越的勝利。

還有一位喪失雙腿的人，他也能反敗為勝。他名叫本・佛森。羅克在喬治亞州大西洋城的一家旅館的電梯中遇到他。羅克步入電梯時，注意到這位表情愉悅的人沒有腿，他坐在電梯角落的輪椅上。電梯停在他要去的那層樓時，他和善地請羅克移到角落，以便他更順利地移動輪椅。「對不起！」他說，「讓您不方便了！」臉上掛著溫煦的笑容。

羅克步出電梯回房時，實在沒法不想著這位開心的殘疾者。於是羅克找到他，請他述說自己的故事。

「事情是發生在那一年，」他面帶微笑說，「我到山上去砍伐山胡桃木，我把木材堆在車上，開車回家。忽然一根木條滑下來，正在我急轉彎時，木條卡在車軸上，我立即被彈到一棵樹上，脊椎骨受了傷，雙腿因此癱瘓。當時我二十四歲，從那以後，我沒有再走過一步路。」

一個二十四歲的青年，就被宣判一輩子要在輪椅上度過。羅克問他怎麼能這麼勇敢地面對事實。他說：「我不能。」他說他當時憤怒抗拒，怨恨命運作弄。但是年歲漸長，他發現抗拒對自己毫無幫助，只不過使自己變得尖酸刻薄。「我終於體會到，」他說，「別人都和善禮貌地對我，我起碼也應禮貌和善地回應人家。」

羅克再問他，過了這些年，他是否仍覺得那次事件是個不幸。他說：「不！我幾乎慶倖它的發生。」他告訴我，經過了那個震驚與憤恨的階段，他開始在一個完全不同的世界中生活。他開始閱讀並培養出對文學的嗜好。十四年來，他說他起碼讀了一百四十本書籍，這些書拓展了他的領域，他的人生比以前所能想像的還要豐富。他也開始欣賞音樂，現在令他感動的交響樂以前只會令他打盹。然而，真正最重大的改變，還是他有了思考的時間。「我一生中第一次，」他說，「真正用心看世界，並體會其價值。我終於體會到以前努力追求的很多事其實都沒有真正的價值。」

透過閱讀，他開始對政治感興趣，他研究公共問題，坐在輪椅上發表演說！他開始了解人們，而人們也開始認識他。他坐在輪椅上，還當上了喬治亞州州務卿。

達爾文（Charles Robert Darwin），這位改變人類科學觀點的科學家說：「如果我不是這麼無能，我就不可能完成所有這些我辛勤努力完成的工作。」很顯然，他坦承自己受到過一些刺激。

達爾文在英國誕生的同一天，在美國肯塔基州的小木屋裡也誕生了一位嬰兒。他也是受到自己缺陷的激發，他就是亞伯拉罕．林肯。如果他生長在一個富有的家庭，得到哈佛大學的法律學位，又有圓滿的婚姻，他可能永遠不能在葛底斯堡（Gettysburg）講出那麼深刻動人的詞句，更別提他連任就職時的演說——可算得上是一位統治者最高貴優美的情操，他說：「對人無惡意，常懷慈悲於世人……。」

卡內基在紐約市教授成人教育課程時，發現很多人都有一個很大的遺憾，就是沒有機會接受大學教育。他們似乎認為未進大學是一種缺陷，而他認識的許多成功人士也都沒上過大學，因此，他知道這一點並沒有這麼重要。於是，他常告訴那些學員關於一個失學者的故事。

那個人童年非常貧困，父親去世後，靠父親的朋友幫忙才得以安葬。他的母親必須在一家製傘工廠一天工作十小時，再帶些零工回來做，做到晚上十一點鐘。

他就是在這種環境下長大的，有一次他參加教會的戲劇表演，覺得表演非常有趣，於是就開始訓練自己公眾演說的能力，後來也因此他進入政界。三十歲時，他已當選為紐約州州議員。不過對於接受這樣的重大責任，他其實還沒有準備妥當。事實上，他親口告訴別人他還搞不清楚州議員應該做些什麼。

於是，他開始研讀冗長複雜的法案，這些法案對他來說，就跟天書一樣。後來，他被選為森林委員會的一員，可是因為他從來不了解森林，所以他非常擔心。他又被選入銀行委員會，可是他連銀行帳戶也沒有，因此他十分茫然。他告訴我，如果不是恥於向母親承認自己的挫折感，他可能早就辭職不幹了。絕望中，他決定一天研讀十六小時，把自己無知的酸檸檬，榨成知識的甜檸檬汁。因為這種努力，他由一位地方政治人物提升為全國性的政治人物，他的表現如此傑出，連《紐約時報》都尊稱他是「紐約市最可敬愛的市民」。這位戰勝了弱點而充分發揮自己優勢一舉成名的傳奇人物——阿爾．史密斯（Al Smith）。

在阿爾開始自我教育後的十年，他成為紐約州政府的活字典，他曾連任四屆紐約州州長——當時還沒有人擁有這樣的紀錄。一九二八年，他當選為民主黨總統候選人。包括哥倫比亞大學及哈佛大學在內的六所著名大學，都曾頒授榮譽學位給這位年少失學的人。

阿爾親口告訴卡內基，如果不是他一天勤讀十六小時，把他的缺失彌補過來，他是絕對不可能有今天的。

我們越研究那些有成就的人，越深信一點，他們的成功大部分是因為某種缺陷激發了他們體內不可預測的潛能。威廉．詹姆士（William James）曾說：「我們最大的弱點，也許會給我們提供一種出乎意料的助力。」是的，彌爾頓（John Milton）如果不是失去視力，可能寫不出如此精彩的詩篇；貝多芬則可能因為耳聾才得以完成更動人的音樂作品；海倫．凱勒的創作事業完全是受到了耳聾目盲的激發；如果柴可夫斯基（Peter Lynch Tchaikovsky）的婚姻不是那麼悲慘，逼得他幾乎要自殺，他可能難以創作出不朽的《悲愴交響曲》。

在我們閱讀這些反敗為勝的故事時，只能接受這樣一個事實：一個人可以沒有金錢支配的時光，但必須有反敗為勝的毅力，才能自我拯救，變成真正的成功者。

意志力決定不同的結果

肯．海瑟是個優秀的音樂家，他很有效地利用天分和在東南區監獄的囚犯溝通。

「我小時候，」他常跟那些犯人說，「在耶誕節曾得到一個禮物——小木琴，另外還有一本手冊，但我卻是在那本手冊不見了之後才學會彈的。」他和他父母找遍屋內、院子和車子裡，都找不到後，他坐下來開始哭。

「媽！」他嗚咽道，「音樂不見了！」

「兒子，」他母親回答道，「只是手冊不見了……音樂在你心中……仔細聽，你會彈的。」

「在監獄中，」他對那些囚犯說，「也許你覺得你跟一切都隔絕了，像生活到了一個盡頭，像音樂從你的生活中不見了。但音樂在你心中，如果你注意聽，你會聽到的，這樣你也就有了自己的人生。」

不論我們在哪兒，不論我們的環境如何，不論我們的遭遇有多不幸，我們生活中的音樂並未不見。它在我們心裡，只要我們肯注意聽，我們就會彈。華盛頓．歐文（Washington Irving）說：「思想淺薄的人，會因不幸而變得膽小和畏怯，思想偉大的人只會因此而振作起來。」

拿破崙．希爾指出：「有一句老話說：『在生命向你擲來一把刀的時候，你要抓住它的兩個地方：刀口或刀柄。』如果你抓住刀口，它會割傷你，甚至使你致死；但是如果你抓住刀柄，你就可以用它來打開一條大道。因此一旦遭遇到大障礙的時候，你要抓住它的柄。換句話說，讓挑戰提高你的戰鬥精神。你沒有充足的戰鬥精神，就不可能有任何的成就。」

生活裡可能出現形形色色的屏障和難關。耳聾、失明、體弱多病……怎麼辦？

耳聾不是真正的障礙。貝多芬三十歲便失去了聽覺，耳朵聾到聽不見一個音節的程度，但他仍為世界譜寫了宏偉壯麗的《第九交響樂》。湯瑪斯．愛迪生是聾子，他要聽到自己發明的留聲機唱片的聲音，只能靠用牙齒咬住留聲機盒子的邊緣，透過頭蓋骨骨頭受到震動，才得到聲響感覺。

失明也不是真正的障礙。不屈不撓的美國科學家弗羅斯特教授苦鬥二十五年，硬是用數學方法推算出太空星群以及銀河系的活動、變化。他是個盲人，一點也看不見他熱愛了終生的天空。

埃及著名文學家塔哈由於患眼疾，在三、四歲時就雙目失明。但性格倔強的小塔哈，沒有向命運屈服，他以驚人的毅力與勇氣，頑強地闖出了一條光明之路。他刻苦認真地學習，課餘時間從不荒廢。他聽別人朗誦詩歌，就默默在心裡記下，並請別人幫助自己朗讀。他經常到鄰居家走動，學習來自民間的淳樸、生動的語言，這一切為他進入大學進一步深造，打下了堅實的基礎，塔哈憑自己的努力，進入著名的埃及大學，畢業時獲得了埃及歷史上第一個博士學位，得到國王的親准，到法國巴黎留學，後又獲法國的博士學位。通過個人不懈的努力和奮鬥，他為阿拉伯文學寶庫留下了不朽的鴻篇巨著，被稱譽為「阿拉伯文學之柱」，「代表了二十世紀三〇年代以來阿拉伯的新文學方向」。

體弱多病不是真正的障礙！愛爾蘭著名作家、詩人克利斯蒂·布朗（Christy Brown）一生中寫出了五部巨著，令人驚嘆的是這些著作是他用左腳趾寫成的，其間的艱辛不言而喻。

布朗生下來就全身癱瘓，頭、身體、四肢不能動彈，不會說話，長到五歲還不會走路。但五歲的小布朗會用左腳趾夾著粉筆在地上亂畫了。在母親的耐心教導下，布朗學會了二十六個字母，並對文學產生了濃厚的興趣。

布朗努力克服因身體殘疾帶來的不便，用超出常人的巨大毅力，進行刻苦頑強的磨練，學會了用左腳打字、畫畫，也開始了作文和寫詩。他進行寫作時，就把打字機放在地上，自己坐在高椅上，用左腳上紙、下紙、打字、整理稿紙，克服了巨大困難。經過艱苦的努力，終於創作了大量的文學作品。尤其是他的自傳體小說《生不逢時》面世後，轟動了世界文壇，被譯成了十五國文字，廣泛流傳，並且拍成電影鼓舞著世界人民。

這位一生都在與病魔作頑強鬥爭的偉大詩人和作家，在他短暫的一生中，一直都在寫作。直到他四十八歲告別人世前，最後還完成了小說《錦繡前程》，為我們留下了寶貴的精神財富。

達爾文被病魔纏身四十年，可是他從未間斷過從事改變了整個世界觀念的科學預想的探索；愛默生一身多病，包括患有眼疾，但是他留下了美國文學第一流的詩文集；查理斯．狄更斯（Charles John Huffam Dickens）病不離體，卻正是他在小說中為世界創造了許多最健康的人物；米開朗基羅（Michelangelo）腸功能紊亂、莫里哀（Molière）有肺結核、易卜生（Henrik Johan Ibsen）有糖尿病……。

貧窮也不是真正的障礙。梅隆家族是美國的超級巨富，第一次世界大戰以後，它壟斷了新興的製鋁工業；第二次世界大戰以後，它又以石油為主要產業在美國工礦企業中雄居首位。據美國《幸福》等雜誌的統計，一九五〇年梅隆財團控制下的企業總資產約為三百二十九億美元，在美國八大財團中占第六位。梅隆財團第一代創始人湯瑪斯．梅隆（Thomas W. Malone）則是這份家業的開拓者。梅隆家族祖祖輩輩生活在愛爾蘭鄉間，只有很少的土地，相當貧困。

湯瑪斯．梅隆十四歲的一天，他在種蕎麥。突然，湯瑪斯在犁過的田上發現了一本散落的《班傑明．富蘭克林自傳（The Autobiography of Benjamin Franklin）》。從這本書裡，湯瑪斯看到了像他一樣的普通人，也可以富有教養、通達事理、出人頭地。他後來寫到：「我看到了富蘭克林，他比我還窮，但憑著勤奮、節儉，他終於變成了才識出眾、睿智果斷、富有而又聞名的人物。」從此，一種不安躁動在他心裡，那就是富蘭克林吸引他去思考放棄土地。這個偶然事件給湯瑪斯的影響貫穿其畢生，四十三年以後，當他最終建造起象徵他事業頂峰的銀行大廈時，他沒有忘記在人形山頭的中央，矗立起一座鐵製的富蘭克林塑像。

如果你常常覺得自己的創業條件不夠好，那麼，從這些人身上，我們應該找到勇氣——行動的勇氣。勇氣，鼓舞我們面對困難；勇氣，幫助我們抗拒阻力；勇氣，陪伴我們走向成功。

認清自己的定位

有一個非常著名的實驗，被試者包括三組學生和三組白老鼠。

主持實驗的人告訴第一組的學生：「你們非常幸運，你們將訓練一組聰明的白老鼠，這些白老鼠已經經過智力訓練且非常聰明。」又告訴第二組的學生：「你們的白老鼠是一般的白老鼠，不很聰明，也不太笨。牠們最終將走出迷宮，但不能對牠們有過高的期望。因為牠們僅有一般能力和智力，所以牠們的成績也僅為一般。」最後，他告訴第三組的學生說：「這些白老鼠確實很笨，如果牠們走到了迷宮的終點，也純屬偶然。牠們是名副其實的白癡，自然牠們的成績也將很不理想。」

後來學生們在嚴格的控制條件下進行了為期六周的實驗。結果表明，白老鼠的成績，第一組最好，第二組中等，第三組最差。有趣的是，所有作為被試的白老鼠實際上都是從一般白老鼠中隨機取樣並隨機分組的。

實驗之初，三組白老鼠在智力上並無顯著差異。那麼為何會產生如此不同的實驗結果呢？顯然是由於實施的三組學生對白老鼠具有不同的態度，從而導致了不同的實驗結果。簡而言之，由於學生對白老鼠具有不同的偏見，便產生了不同的態度，從而以不同的方式對待牠們。正是由於不同的對待方式，導致了不同的結果。學生們雖不懂白老鼠的語言，但白老鼠卻懂得人對牠的態度，可見態度是一種通用的語言。

像這樣類似的實驗後來又在以學生為對象的實驗中得到證實。該實驗是由兩位水準相當的教師分別給兩組學生教授相同的內容。所不同的是，其中一位教師被告知：「你很幸運，你的學生天資聰穎。然而，值得提醒的是，正因為如此，他們才試圖捉弄你。他們中有的人很懶，並將要求你少給點家庭作業。別聽他們的話，只要你給他們家庭作業，他們就能完成。你也不必擔心題目太難。如果你幫助他們樹立信心，同時傾注著真誠的愛，他們將可能解決最棘手的問題。」

另一位教師則被告知：「你的學生智力一般，他們既不太聰明也不太笨，他們具有一般的智商和能力。所以我們期待著一般的結果。」

到該學年末期，實驗結果表明，「聰明」組學生比「一般」組學生在學習成績上整整領先了一年。其實在被試中根本沒有所謂「聰明」的學生，兩組被試的全都是一般學生，唯一的區別就在於教師對學生的認知不同，導致了對他們的期望態度也不同，從而以不同的方式對待他們。其中一位教師把這些一般的學生看作是天才兒童，因而就作為天才兒童來施教，並期望他們像天才兒童一樣出色地完成作業。正是這種特殊的對待方式，使得一般學生有了突出的進步。

總之，你對自己的態度決定了你的前途，你想著自己是什麼樣的人，你就會成為什麼樣的人。

一隻小老虎因母虎被殺而被一頭山羊收養。幾個月下來，小老虎喝母山羊的奶，跟小山羊玩，盡力去學做一隻山羊。

過了一陣子，事情一直不對勁，儘管這頭老虎努力去學，牠仍不能變成一隻山羊。牠的樣子不像山羊，牠的氣味不像山羊，牠無法發出山羊的聲音。其他山羊開始怕牠，因為牠玩得太粗魯，而且牠的身體太大。這隻孤兒老虎退縮了，牠覺得受到排斥，覺得自己差勁，不知道自己錯在哪裡。

一天，傳來一聲巨響！山羊四散奔逃，只有小老虎坐在岩石上不動。突然，一頭龐大的東西走進牠所在的空地，牠的顏色是棕色，還有黑色條紋，牠的眼睛炯炯如火。「你在這羊群中做什麼？」那個入侵者問小老虎。

「我是一隻山羊。」小虎說。

「跟我來！」那頭巨獸以一種權威的口吻說。

小老虎嚇得發抖，還是跟著巨獸走入叢林中。最後，它們來到一條大河邊。巨獸低頭喝水。

「過來喝水。」巨獸說。

小老虎也走到河邊喝水，牠在河中看到兩頭一樣的動物，一頭較小，但都是棕色而有黑色條紋的。

「那是誰？」小老虎問。

「那是你——真正的你。」

「不，我是一隻山羊！」小老虎抗議道。

突然，巨獸拱起身子來，發出一聲巨吼，使整座叢林為之動搖不已，等聲音停止後，一切都靜悄悄的。

「現在，你也吼一下！」巨獸說。

最初很困難，小老虎張大嘴，但發出的聲音像嗚咽。

「再來！你可以辦到！」巨獸說。

最後，小老虎感到有東西在咽喉咕嚕嚕地響，一直下到它的小腹，逐漸地搖撼牠全身，這時牠再也忍不住了。

「現在！」那頭大老虎說：「你是一頭老虎，不是一隻山羊。」

小老虎開始了解牠為何在跟山羊玩時感到不滿意。接連三天，牠在叢林漫步。當牠懷疑自己是老虎時，牠會拱起身子來大吼一聲，牠的吼叫聲雖不及那頭大虎那麼雄壯，但已夠讓牠充滿信心。

我們不妨問自己一些問題：你對現在的自己不滿意嗎？你認為你會成為冠軍嗎？你認為你該在什麼地方發展嗎？如果是這樣的話，你也許該認清你是一頭老虎而不是一隻山羊！也許你現在該大吼一聲，讓自己具備一個贏家的態度！

讓信念支撐著向前的步伐

信念在人的精神世界裡是個聖殿中的支柱，沒有它，一個人的精神大廈就極有可能坍塌。信念是力量的源泉，是勝利的基石。據說有一年，一片茫茫無垠的沙漠上，有一支探險隊在那裡負重跋涉。

陽光酷烈，乾燥的風沙漫天飛舞，而口渴如焚的探險隊隊員們沒有了水。水是隊員們穿越沙漠的信心，甚至是苦苦搜尋的求生目標。這時候，探險隊的隊長從腰間拿出一只水壺，說：「這裡還有一壺水。但穿越沙漠前，誰也不能喝。」

那水壺從探險隊員們手裡依次傳遞開來，沉沉的。一種充滿生機的幸福和喜悅在每個隊員瀕臨絕望的臉上彌漫開來……。

終於，隊員們一步步掙脫了死亡線，頑強地穿越了茫茫沙漠。他們喜極而泣的時候，突然想到了那壺給了他們信念的水。轉開壺蓋汩汩流出的卻是滿滿的一壺沙。在沙漠裡，乾枯的沙子有時候可以是清冽的水——只要你的心裡擁有信念的清泉。

「這個世界上，沒有人能夠使你倒下。如果你自己的信念還站立的話。」這是著名的黑人領袖馬丁・路德・金（Martin Luther King, Jr.）的名言。

縱觀在事業上有成就的人，在他們奮鬥中都是信念堅定，堅信自己會成功。巴甫洛夫（Ivan Petrovich Pavlov）曾宣稱：「如果我堅持什麼，就是用炮也不能打倒我。」高爾基（Maxim Gorky）指出：「只有滿懷信念的人，才能在任何地方都把信念沉浸在生活中並實現自己的意志。」

高高舉起信念之旗的人，對一切艱難困苦都無所畏懼。相反，信念之旗倒下了，人的精神也就垮了下來。而那些從來就不曾擁有過信念的人對一切都會畏首畏尾，在漫長的人生旅途中抬不起頭，挺不起胸，邁不開步，整天渾渾噩噩，迷迷糊糊，看不到光明，因而也感受不到人生的幸福和快樂。

信念來自精神上對成功的追求，又對成功起著極大的推動作用。信念可以排除恐懼、不安等消極因素的干擾，使人在積極肯定的心理支配下，產生力量，這種力量能推動我們去思考、去創造、去行動，從而完成我們的使命，實現我們的心願。

面對充滿誘惑和多變的世界，面對許多不確定的因素，有信念的人，能堅守自己的理想和目標而不動搖，從而按自己的心願，以自己的方式走向成功和卓越。

信念產生信心。信心可以感染別人，一方面激發別人對你的信心，另一方面使更多的人感染到信心。這樣容易贏得他人的好感，具有良好的人緣。而人緣好，機會就多，這樣成功就會變得更加容易。

成功學家希爾說：「有方向感的信念，令我們每一個意念都充滿力量。」美國前總統雷根（Ronald Wilson Reagan）說：「創業者若抱著無比的信念，就可以締造一個美好的未來。」所以，要想讓人生過得更好，就必須將信念之旗高高舉起。

擁抱最真實的自己

「我堅持我的不完美，它是我生命的真實本質。」「熱愛自己是終生浪漫的開端。」西方有這樣兩句格言。

全面接受你自己是很重要的，其原因之一便是這可使你更安心地對待自己，更具同情心。當你表現得或感覺到無保障，不要假裝「並無不妥」，你可坦然面對這一現實並對你自己說：「我覺得害怕，但沒關係。」

如果你感到有點嫉妒、貪婪或氣憤，不要否認或埋葬你的感覺，你可坦然面對它們，這可幫你迅速擺脫並遠離它們。當你不再把你的消極情緒看得過重，或當作可怕的事，你就不會再像從前那樣被它們嚇倒。當你接受自己的一切時，你就不再需要去假裝生活是完美的，或希望如此。相反你會接受自己的現狀，就是現在。

當你接受自己不夠完美的那些部分，奇蹟便會出現。伴隨消極的方面，你也將開始注意到積極的方面，你自己身上那些極出色的、你也許從未認為自己所具有的，甚至從未意識到的方面。當你有時在心裡對自己表現出興趣時，當你令人難以置信的無私時，你可能就會注意到它們。有時你可能會覺得無保障或害怕，但更多的時候你是勇敢的；儘管有時你肯定會焦慮不安，但你也能非常放鬆。

奧格．曼狄諾指出，接受你自己的一切，就像是在對你自己說：「我也許不完美，但我就是我，這沒有關係。」當消極思想出現時，你可開始將它們看作是整體中的一小部分，始終以善意和寬容來對待你自己。

最大的失敗就是永不言敗

在現實生活中，每個人都會犯錯，這個道理大家都知道。當別人犯了錯誤時，我們總是希望他們能夠承認並且加以改正。可是一到自己身上，很多人就會犯嘀咕：難道要我承認我不如別人？於是很多時候，人們不願意承認自己犯了錯誤。這就造成了人與人之間的交往障礙，因為每個人都堅持自己是對的，而觀點有時確實是對立的，於是留下了埋怨、不滿和爭執，甚至影響人際往來。他們不知道，有時候，勇於承認自己的錯誤而放棄自己的意見，反而會取得更大的成功。

「最大的失敗，就是永不言敗。」人們總是把犯錯誤看作是某種失敗，不願面對失敗與不肯承認失敗同樣糟糕，其實，若能把失敗當成人生必修的功課，我們會發現，大部分的失敗都會給我們帶來一些意想不到的好處。

沒有人喜歡失敗，因為失敗大多是一些痛苦的經驗，甚至讓美麗的人生受到重創。不過，一生順利未曾犯過錯誤，未嘗過失敗滋味的人，恐怕是少之又少。每個人或多或少都經歷過失敗，只是程度輕重的差別而已。

我們對於自己的主張或行為，常常喜歡抱著絕不改變的態度。當然，如果你的主張或行為，確實是毫無錯誤的，你抱著這種態度，可說是有益無害。但是世上千千萬萬的人中，有幾個人敢擔保他的主張或行為是毫無差錯的呢？有幾個人敢說他從來沒有說錯過一句話，或做錯過一樁事呢？

所以當你預備堅持任何事情時，最好先仔細想想你的堅持，是否因為你確有毫無瑕疵的理由？還是因為你只是在「保全面子」而已？如果你經過仔細思量後，發現自己確有後者的動機夾雜在內，那麼請你趕快把你的堅持撤銷，因為「保全面子」，最易使人喪失理智，你的堅持既以它作為出發點，你所能獲得的唯一結果，只能是給人一種盡情攻擊的機會，而自己卻成了一個毫無反抗能力的木偶。

請看看美國羅斯福（Franklin Delano Roosevelt）總統，他在一九一二年總統競選演說時，是怎樣聰明地改變他自己的主張的？那時他在新澤西州的一個小鎮的集會上，向一些鄉下人發表了一篇演講，當他在這篇演講中，說到女子也應當踴躍參加選舉時，聽眾中忽然有人大聲喊道：「先生！這句話和你五年前的意見相比，不是自打嘴巴嗎？」羅斯福立刻很聰明地回答道：「可不是嗎，五年前我確實另有一種主張的，現在我已深信我那時的主張是不對的了！」

他這簡短的幾句話，連「但是」、「假使」等字眼都沒有用，然而話中卻充滿了坦白、忠實、誠懇、親切的意味，不但使那位問話的人獲得了滿意的答覆，就是其他的聽眾們，也絲毫察覺不出他有過什麼不安的情緒。

有許多上級對所屬人員所下的命令，常常顯得十分堅定，不可動搖。就管理下屬而言，這確是一種極聰明的辦法，因為有許多下屬，往往只有一個簡單的頭腦，他們對於你的意見根本沒有改善的能力，卻常愛借改善的名目來取巧偷懶。你有了堅決的主張，他們便不敢再稍加變動了。

但是，這時的上級切勿因此忘了他自己。換句話說，只可用堅決使下屬服從，卻不可讓它把自己也騙了。如果事後發現主張有了錯誤，仍應儘快設法將它更正。

紐約《太陽時報》主筆丹諾先生在讀稿時常常喜歡把自己認為重要的幾段用紅筆勾出，以提醒排校人員「切勿將它遺漏」。但是有一天，一位年輕校對員偶然讀到一段文字，也是被人用紅筆勾出的，上面大致是說：「本報讀者雷維特先生送給我們一個很大的蘋果，在那通紅美麗的皮上露出一排白色的字，仔細一看，原來是我們主筆的名字。這真是一個人工栽培的奇蹟！試想，一個完整無缺的蘋果皮上，怎樣會露出這樣整齊光澤的字跡呢？我們在驚奇之餘，多方猜測，始終不明白這些奇蹟是怎樣出現在蘋果上的。」

那個年輕的校對員是一個常識豐富的人，他讀了這段文字不禁好笑起來。因為他知道這些蘋果皮上的字跡，是只要趁蘋果還呈青色時，用紙剪成字形貼在上面，等蘋果發育紅時，再將紙撕去，這根本是個小朋友的惡作劇而已。

所以，這位年輕的校對員心想，這段文字如果登了出來，必將被人譏笑，說他們的主筆竟會愚笨至此，連這樣一點小「魔術」也會「多方猜測，始終不明……」因此，他便大膽地將這段文字刪掉了。

第二天一早，主筆丹諾先生看了報紙，立刻氣呼呼地走來，向他問道：「昨天原稿中有一篇我用紅筆勾出的關於『奇異蘋果』的文章，為何不見登出？」

那位校對員誠惶誠恐地把他的理由說明後，丹諾先生立刻十分誠摯和藹地說：「原來如此。你做得十分正確，以後只要有確切可靠的理由，即使我已用紅筆勾出，你仍不妨自行取捨。」

在這件事上，丹諾先生充分顯示了他並不是一味胡亂堅持己見的人。他的堅持，其實只是一種手段，用來壓抑下屬的越軌行為，卻不會用來欺騙自己。所以當他聽見對方的理由充足時，立刻自動把他的堅持取消了。

從另一方面來看，那位年輕校對員未遭訓斥，也是因為他更改的動機，並非為了取巧、偷懶等自私行為，而是完全為了報社方面著想。他當初明知道這樣做不但對自己無益處，反而也許會因此被沒有度量的主筆嚴斥，但他仍舊本著良心去做，因此他獲得讚譽，也是理所當然的。

放下負面情緒

古時候，人們想殺一頭熊，就會在一碗蜂蜜的上方吊上一根沉重的木頭。熊想吃蜂蜜時，必須先推開木頭，而木頭又會蕩回來撞擊熊。熊生氣地更用力推開木頭，而木頭也更猛烈地撞擊它。就這樣不斷重複，直到木頭撞死那頭熊為止。

當人們以怨報怨時，便是在做同樣的事。人難道不能比熊聰明些嗎？

以仁慈對待別人的惡毒相向，這樣就能破壞惡人做壞事所獲得的樂趣。對於世上一些不明事理、甚至是非不辨的人，我們只能替他們感到惋惜，不應該去取笑他們，或是責備他們。如果你真的有心去幫助他們的話，應該多去關懷他們，當然，如果可能的話，也可以透過與他們面對面的交談，為他們引出一個正確的思考方法來。這樣才是正確的做法，絕對不可以故意去取笑或責備對方。

人都是按照各自的想法去行動的，而且每個人也希望每一件事都能按照自己的意願去實行。但是，如果認為每一件事都非得照著自己的想法去進行不可的話，這樣的人就不僅是一個性情固執的人，而且也可以稱之為傲慢的人。

每一個人都會認為自己是最正確的，但是，到底誰才是最正確的，這個問題不能單由自己之觀點來評斷。所以，如果因為和自己想法不同，就認為對方是傻瓜；因為和自己的追求不同，就認為對方是一個無可救藥之人，甚至加以迫害，這樣的做法實在叫人不敢苟同。

其實，每一個人都有權按照自己的思考去行動，每個人都應該懷著自己的追求，這是無可指責的，這也是一個正常社會的標準。

一位宗教家曾經寫過這麼一段話：「很少人會以衡量自己的天平，來衡量別人。」我們自己的過失和別人的過失相比，似乎算不了什麼。當我們做了一件令自己覺得羞愧的事，使自我感到一文不值時，我們總會找到一個藉口——責備自己的良心。我們會說：「我的良心在折磨我。」然後我們很快就寬恕了自己。但當別人犯了錯誤或表示憤恨時，我們是多麼快地把他貶得一文不值。更可笑的是，我們抓住了別人的一次謊言，而忘了自己曾經說過無數次的謊言。

要具備做人的資格，必須記住每一個人都會犯錯，我們是善良與邪惡、成功與失敗、信心與失望、友情與孤獨、勇氣與恐懼的混合體。人之所以相同，在於他們一生中有偉大的時候，也有渺小的時候，因時而異；唯有藉由寬恕，我們才能發現，在我們一生當中，偉大的一面占了絕大部分的時光。

在現實生活中，我們都迫切地需要友情，而友情發射的第一道光和熱，是在你失去理性時，猶能自問：「要是我在他的處境，我會怎麼做？」

最重要的是，你對自己也一定要退一步設身處地地想，不要因為一個錯誤而苛責自己，不要因此而成為一個流離失所者。在這種時刻，對著鏡子捫心自問：「我會對自己最好的朋友這樣做嗎？」所以，我們只有學會了寬恕，才能夠成功地生活。

1、寬恕他人

要以赤子之心待人——寬恕是不能分期付款的；「我今天喜歡你，但是明天就難說了。」——這種態度不是寬恕之道。

2、寬恕自己

這又是一項困難的工作，但是你一定能做到。原諒昨天的錯誤，養成充實今天生活的習慣。犯錯可能是人類的失敗，但寬恕卻是人類的成就。莎士比亞說：「寬恕是超凡的行為。」事實上，誰又要求你做一個超人呢？讓你自己做一個充實的凡人就夠了。

3、找到自己

想要模仿別人，只能使自己居於次等席。記住，不經壓力，你無法成為偉人。你每天的自我形象，都應該有所進步，這一點你倒可以做到。

4、鼓勵自己

如果你每天都以失敗感來折磨自己，就成了自己的大敵；如果你每天都充滿著信心，就可以儘量發揮你的長處。在這兩種選擇之間，你應該作明智的決定。

記住，我們必須忘掉昨天。只要你能朝著當前的目標奮力不懈，就可以做到。我們對當前的目標下的工夫愈多，就愈沒有時間回憶昨天的憂愁與痛楚了。

小心變成食古不化的「恐龍族」

在懦夫的眼裡，不論做什麼事情都是危險的；而熱愛生活的人，卻總是蔑視困難，勇往直前。這就是勇者與懦夫的區別。

在生命中，冒險是一切成功的前提。沒有冒險者，就沒有成功者。冒險越大，成功越大，冒險是成功的開始，一個對什麼都沒有興趣熱情而安於現狀的人來說，冒險是唯一可以解救他的東西；對於一個小有成就的人來說，冒險會使他的投資贏得更多（冒險本身就是一種投資）。不敢接受挑戰的人，一開始已經被打敗了。

一個房產開發商多次投資冒險都以贏而告終，開發商說，他之所以屢屢得手，主要是他敢於冒險。他在選擇一個投資項目時，如果別人都說可行，這就不是機會——別人都能看見的機會不是機會。他每次選擇的都是別人說不行的項目，只有別人還沒有發現而你卻發現的機會才是黃金機會，儘管這樣做冒險，但不冒險就沒有贏，只要有百分之五十的希望就值得冒險。

一億年以前，地球上到處是體積碩大的恐龍。後來，地球上發生變故，恐龍在很短的時間中滅絕，迄今，科學家還不能確定究竟是發生了什麼樣的變故導致了這樣的大災難。但唯一能確定的，就是恐龍因為無法適應這種變故，而遭致絕跡的下場。

能變通者才能生存，「物競天擇，適者生存」的準則，不僅適用於上古時代，同樣也適用於科技文明的現代社會。不論是生物學家還是經濟學家都承認，在這場激烈的競賽中，凡是不能適應者，都會被淘汰。

商場如戰場，刀槍本無情。如果一個人在作戰的中途倒下，便顯示其生存的條件不夠。不幸的是，在各個工作場所中，我們可以看到，仍然有太多的「恐龍式人物」存在。這些「恐龍式人物」的特徵大致如下：頑固、嚴苛、立定不前、缺乏彈性。

在工作上，「恐龍族」最大的障礙，就是無法適應環境。在他們周圍有許多學習新技術、深造、更換職務、創新企業等機會，但是他們往往視而不見，根本無心去尋求新的突破。

工作與生活永遠是變化無窮的，我們每天都可能面臨改變，新的產品和新服務不斷上市、新科技不斷被引進、新的任務被交付，新的同事、新的老闆……這些改變，也許微小，也許劇烈。但每一次的改變，都需要我們調整心情重新適應。

面對改變，意味著是對過去某些舊習慣和老狀態的挑戰，如果一個人頑固地守著過去的行為與思考模式，並且相信「我就是這個樣子」，那麼，嘗試新事物就會威脅到自己的安全感。

「恐龍族」不喜歡改變，他們安於現實，沒有創新精神，沒有工作熱忱，滿腦子都是目前的狀態，不設法改進自己，不讓自己有資格做更好的工作。

「恐龍族」不肯承認改變的事實。他們不願為自己製造機會，而情願受所謂運氣、命運的擺布。因為不相信自己能掌握命運，所以會選擇錯誤，他們不是在平坦的道路上蹣跚前進，就是一輩子坐錯位置，他們的人生只是一場悲劇。

「恐龍族」犯的最大毛病，就是無法視變化為正常現象。他們沒有衡量自己適應變化的能力，包括步調、新觀念、做事的彈性和效率，他們更不會探索自身的潛能，遇到變故發生，一般只會坐以待斃。

不再成長，使得「恐龍族」過去所有的優點，逐漸都變成缺點。譬如，對工作的野心轉變為勾心鬥角、玩弄權術；對公司的忠誠轉變為逢迎拍馬，為了取悅上司，卻對下屬粗率無禮。他們讓自己受限於困境，恐懼局限了他們的眼界，當然也降低了他們行事的能力。

「恐龍族」忘記了一個很重要的道理：一個人能否獲得個人成就，看他是不是願意嘗試。樂於冒險，喜歡試驗，能變通。這些才是獲得學習和進步的唯一途徑。

縱觀歷史，我們就會發現：一個民族的振興，一個國家的繁榮，都與這個民族所具有的冒險精神分不開。冒險精神常常更能充分地體現一個民族的創業精神。可以說，沒有一大批冒險家從事美國西部地區的開發，就不會有今天的美國；在中世紀的歐洲，沒有冒險精神也就不會有許多懷有新穎思想和見解的學者，因為缺少勇氣，也就被神學禁錮了自己的創新成果。如果沒有哥白尼（Nicolas Copernicus）、布魯諾（Giordano Bruno）那些勇敢的科學家，荒誕的「地球中心說」不知要延續到何時。

對於個人發展來說，冒險則成為通向強者的必由之路。在同樣情況下，強者之所以成為強者，就是因為他們敢為別人所不敢為。

走運的人一般都是大膽的。除了個別的例外情況，最膽小怕事的人往往是最不走運的。幸運可能會使人產生勇氣，反過來勇氣也會幫助你得到好運。當然，「大膽」不同於「魯莽」，二者是有本質區別的。如果你把一生的儲蓄孤注一擲，採取一項誇張的冒險行動，在這種冒險中你有可能失去所有的東西，這就是魯莽輕率的舉動。如果你儘管由於要踏入一個未知世界而感到恐慌，然而還是接受了一項令人興奮的新的工作機會，這就是大膽。

J·保羅·蓋蒂（J. Paul Getty）是石油界的億萬富翁、一位最走運的人。在早期他走的是一條曲折的路。他上學的時候認為自己應該當一位作家，後來又決定要從事外交部門的工作。可是，出了校門之後，他發現自己被奧克拉荷馬州快速發展的石油業所吸引，那時他的父親也是在這方面發財致富的。從事石油業偏離了他的主攻方向，但是他覺得，他不得不把自己的外交生涯延緩一年。作為一名盲目開發油井的人，他想試試自己的手氣。

蓋蒂首先是透過在其他開井人的鑽塔周圍工作籌集了錢，有時也偶然從父親那裡借些錢（他的父親嚴守禁止溺愛兒子的原則，可以借給兒子錢，但不是送錢給他）。年輕的蓋蒂是有勇氣的，但不是魯莽的。如果一次失敗就足以造成難以彌補的經濟損失的話，這種冒險事他從來沒有做過。他頭幾次冒險都澈底失敗了。但是在一九一六年，他碰上了第一口高產油井，這個油井為他打下了以後騰飛的基礎，那時他才剛好二十三歲。

是運氣嗎？當然。然而蓋蒂的走運是應得的，他做的每一件事都沒有錯。那麼蓋蒂怎麼會知道這口井會產油呢？他確實不知道，儘管他已經收集了他所能得到的所有事實。「總是存在著一種機會的成分。」他說，「你必須樂意接受這種成分，如果你一定要求有肯定的答案，那你就會捆住自己的手腳。」

廉．丹佛說：「冒險意味著充分地生活。一旦你明白它將帶給你多麼大的幸福和快樂，你就會願意開始這次旅行。」

世界的改變、生意的成功，常常屬於那些敢於抓住時機，適度冒險的人。有些人很聰明，對不測因素和風險看得太清楚了，不敢冒一點險，結果聰明反被聰明誤，永遠只能「糊口」

而已。實際上，如果能從風險的轉化和準備上著手計畫，那麼風險也並不可怕。

茫茫世界風雲變幻，漫漫人生沉浮不定，而未來的風景卻隱在迷霧中，向那裡進發，有坎坷的山路，也有陰晦的沼澤，深一腳淺一腳，雖然有危險。但這卻是在有限的人生中通往成功與幸福的捷徑。

但世界上大多數人卻不敢走這條冒險的捷徑。他們熙來攘往地擠在平平安安的大路上，四平八穩地走著。這路雖然平坦安寧，但距離人生風景線卻迂迴遙遠，他們永遠也領略不到奇異的風情和壯美的景致。他們平平庸庸、清清淡淡地過了一輩子，直到走到人生的盡頭也沒有享受到真正成功的快樂和幸福的滋味。

他們只能在擁擠的人群裡爭食，鬧得薄情寡義也僅僅是為了填飽肚子、穿上褲子、養活孩子。而這，豈不也是一種風險嗎？而且是以整個人生為代價的。所以，生命從本質上說就是一次探險，如果不是主動地迎接風險的挑戰，便是被動地等待風險的降臨。所以，康德（Immanuel Kant）說：人的心中有一種追求無限和永恆的傾向。這種傾向在理性中的最直觀表現就是冒險。所以，有人把世界看作是上帝安排的一個賭場，把人間看作冒險家的樂園，認為人生就是冒險。

成功雖是一種目的，但對冒險而言，還不是全部目標，最重要的是：不論事情是成功還是失敗，要敢於自始至終地去奮鬥、去拚搏。

廉·丹佛說：「勇於冒險求勝，你就能比你想像的做得更多更好。在勇於冒險的過程中，你就能使自己的平淡生活變成激動人心的探險經歷，這種經歷會不斷地向你提出挑戰，不斷地獎賞你，也會不斷地使你恢復活力。」

孜孜矻矻的態度才能贏來成果

人處在適當的忙碌之下時，快樂便會從工作中滋生出來，有如五彩的花瓣由結實的花朵中長出；如果他們忠實地助人，並且富有同情心，他們所有的感情便會穩定、深沉、持久，使靈魂富有生命力，一如自然的脈息之於身體。

1、人生中不存在點石成金的法術

古老的神話中，神仙有一種本領，點石成金。千百年來，不知道有多少人希望自己有此異能。其實，「點石成金」並不難，它就在我們生活裡，在你勤奮的工作中。在整個宇宙中，除了人以外都不存在遊手好閒的東西，所有的事情都在根據自身的規律永不休止地運行著。「世界上最偉大的法則就是工作，生活使有機的事物緩慢而有條不紊地朝著自己的目標前進。」生活沒有其他含義，這就是自然的法則，任何地方一旦停止活動，就一定會後退。我們一旦不再使用自己某個部分的器官，它們就開始衰退。只有那些我們正在使用的東西，大自然才會賦予我們力量，而那也是我們唯一能支配的東西。

勤奮工作的習慣就是點石成金之術。而那些出類拔萃的人物，那些奉勤勉準則為金科玉律的人們，將使整個人類因為他們的工作而受益。再也沒有什麼比做起事來磨磨蹭蹭更能阻礙一個人成功的了——它會分散一個人的精力，滅失一個人的雄心，使我們只能被動地接受命運的安排而不是主動地主宰自己的生活。

《閒話集》中把對社會毫無價值的人當做死人，而只有當他們對別人有價值時才把他們看作是活著的。這樣的話，有的人實際上二十歲才出生，有人的人則是三十歲，有的人則是六十歲，而有的人直到離開人世都沒有真正生活過。

有一位學者曾說過；「有工作可做、有生活目標的人是幸福的：他已經找到了自己應該做的事情並且會繼續做下去。就像一條流動的運河，某種高貴的力量在苦澀貧瘠的鹽鹼地開鑿了它。而一旦開鑿，它就會如同一條很深的河流一樣日夜不停地向前流去，把又鹹又苦的鹽鹼水從草根的底部清洗掉，把蚊蟲肆虐的沼澤地轉變成鬱鬱蔥蔥的草地，上面流淌著清澈見底的小溪。工作本身就是生活，也許除了從工作中得來知識，你沒有其他有價值的知識，其餘一切所謂的『知識』其實不過是種種假說罷了。」

許多人讚嘆那些風雲人物的成就，他們哪裡知道，當他們安然入夢時，殊不知那些事業成功者依舊孜孜不倦地工作著！

工作，它使人眼睛明亮，使人面色紅潤，使人肌肉結實，使人頭腦敏銳，使勃勃的血液在全身迴圈，使腳步輕盈健康。工作是治癒很多身體疾病的靈丹妙藥，總之，工作著的人更是健康的人。勤勉工作的人是幸福的，而工作是所有成就和文明的祕密所在。

生活中很多故事也體現著「勤」字的真諦。

「你為什麼不想去上學？」富翁問他那十五歲的孩子，那孩子不想繼續讀書使他感到很吃驚。「噢……。」兒子回答說，「我太討厭讀書了，再說我覺得讀書沒有什麼用。」

「你覺得自己懂得的東西已經足夠多了嗎？」父親質問道。

「我知道的絕不比我的同學少，他三個月前離開了學校。他說，他不會繼續讀書了，他爸爸也有很多錢。」

然後，兒子準備向門外走去。「你別走，等一下。」父親說。

「你用不著向我說什麼，如果你不願意讀書你可以不讀；但是你要明白一件事情——如果你不去讀書，就得去工作。你無所事事，我可不會養著你。」

第二天早上，父親帶兒子去參觀了一所監獄。在裡面與他以前的一個同學見了面。

「見到你我很高興，」那囚犯向他們走過來的時候，父親說，「但是我非常遺憾在這裡見到你。」

「你的遺憾不會比我的後悔更甚。」那囚犯對父親說，「我想這是你的孩子吧？」

「是的，這是我的大兒子。他現在的年紀和我們以前一起上學的時候差不多。那些日子你還記得嗎？」

「我多麼希望自己能夠忘記啊，」過了一會兒，那囚犯又感慨地道，「有的時候我真希望那只是一場夢，可是醒來才發現現實確實如此。」

「當時是怎麼回事？」父親問道，「我最後一次見到你時，你的前景似乎很不錯，比我要好得多。」

「幾句話就可以說清楚，」那囚犯回答說，「我倒楣都是因為遊手好閒，和不好的人混在一起。我不想讀書，我認為富人的孩子用不著學習。我父親死後給我留下一筆財產，但這些錢沒有一分是我自己賺來的，所以我一點都不知道金錢的用途和價值。我也不知道怎麼回事，糊裡糊塗一陣後，一天早上我醒來時發現自己一無所有了，竟然比最窮的勞工都要窮。而我不知道怎麼通過誠實的工作來賺錢，結果如何就不用我說了。」

父親問監獄的看守員：「你們的囚犯有多少人受過職業訓練，可以用正當的手段謀生？」

「十個裡面不到一個。」看守員回答。

「兒子，當我告訴你必須像其他孩子一樣工作時，你顯得很吃驚，」在他們坐車回家的路上，父親說，「這次到監獄來就是我的回答。大家都認為我是個有錢人，我確實也是有錢人，我能夠為你提供最好的機會使你變得聰明懂事。但是，無論是現在還是將來，我的財富都不能讓你不用工作就能生活下去，很多父親經歷了種種挫折之後，才意識到讓孩子遊手好閒是一件多麼可怕的事情！」

兒子沉思片刻，說：「我想星期一還是去上學吧。」

另外還有一個故事很有啟發性。

約翰．亞當斯（John Adams）也是一個厭倦了讀書的孩子，他要求父親不要再讓他學拉丁語了。

「沒問題，約翰，」父親回答說，「但是，你要去水田裡挖幾條溝，水田需要排水了。」

約翰本來就不大敢向他父親提出不再學習拉丁語的要求，現在他更不敢拒絕父親的命令了，因為他知道父親是什麼樣的人。於是，他拿過鐵鍬，在水田裡忙忙碌碌地工作了一天。但是，挖的時候，開始促使他自我反省。那天晚上，他請求父親允許他第二天繼續去學習拉丁語，父親同意了。從此以後，約翰非常熱情地投入到學習中去了，還養成了認真對待任何事情的做事習慣。結果，他成了美國獨立戰爭時期的關鍵人物之一，並且在華盛頓之後成為第二任美國總統。

「當我只需要養活自己時，我為什麼還一定要努力工作呢？」許多年輕人竟然問這樣的問題。如果一個人無須供養母親、姐妹或者妻子，這已經是上帝對他的厚愛了，他竟然不懂得——承受辛勤的勞動本身對塑造自己的品格和完善自己的個性也是非常有益的。

無論何時何地，脫離了工作就脫離了現實，脫離了現實的人是無法在現實中生存下去的。只有辛勤的勞動，才會有豐厚的人生回報。即使給你一座金山，你無所事事，也總有一天會坐吃山空的。傳說中的點石成金之術並不存在，而在勞動中獲得財富才是最正確的途徑。你想擁有金子，你的辦法只有辛勤地耕耘。

2、努力不懈才是成功的法則

每一個成功者的背後，都有著一連串兒的讓人精神為之振奮之事，沒有一個人的才華是與生俱來的。在成功的道路上，除了勤奮，是沒有任何捷徑可走的。

魯迅說得更清楚：「其實即使天才，在生下來的時候第一聲啼哭，也和平常的兒童一樣，絕不會就是一首好詩。」「哪裡有天才，我是把別人喝咖啡的工夫用在工作上。」

任何事情，唯有不停前進方可有生命力，學習更是如此，不前進就是後退。學校不是享樂的天堂。在這裡，人才雲集，快節奏的生活，高度的競爭又時刻令人體會到一種莫大的壓力，潛移默化地催人上進。這其中不乏有許多激動人心的故事，有一位知名教授講過這樣一個故事：

住在十九樓的時候，我曾一度與一位年歲不很大，但沉默寡言的中年教師住對門，他就是被稱作「中國文科的陳景潤」的裘錫圭教授。別的我似乎忘了，但依稀記得他那十點五平方公尺的房間，朝北，漏水，最靠角落，且房內四周從地板到天花板堆的都是書。他是古典文獻專業的，我沒有聽過他的課，平時也很少說話，只是見面點頭而已。

有回我上廁所，發現他蹲在那裡，還在一頁頁地背字典看詞書。人家告訴我，這不是第一次。

在圖書館閱覽室裡，他總是用最快節奏的步子走到書架旁，抽出一本書，又小跑步地趕回座位，那動作，記錄下來，活像電視動畫片裡匆匆趕路的人物。

當我們的孩子已追逐戲鬧在走廊裡的時候，他仍然是單身一人，整天鑽在書堆裡，「無絲竹之亂耳，無案牘之勞形」，他彷彿生活在距今幾千年前的另一個世界裡。在這間神祕的小屋裡，他寫出了郭沫若贊為「至確」的考據文章，辨識了大量的戰國出土竹簡；在這間神奇的小屋裡，他爭分奪秒，努力拚搏，登上了中國古文字研究的一座又一座巔峰。

他也有娛樂的時候，那是在水房。他洗著洗著衣服，會突然發出幾句京劇唱詞的狂吼，聲音震顫了玻璃窗，在他身邊沒有準備的人會嚇一跳。一個蘊涵著巨大能量的軀體，這會兒才找到感情的噴口。他急急忙忙洗完衣服，端著臉盆，又大步奔跑地鑽回了那間小屋。

像上面這位學者的人比比皆是，他們都深深地知道成功是由勤奮鑄就的。他們從不浪費時間，充分地利用每一分、每一秒，勤勤懇懇，為事業而奮鬥著。

3、勤能補拙

有句俗話，叫做「一勤天下無難事」。唐朝大文學家韓愈也曾經說過：「業精於勤」。這就是說，學業方面的精深造詣來源於勤奮好學。勤，對好學上進的人來說，是一種美德。我們所說的勤，就是要人們善於珍惜時間，勤於學習，勤於思考，勤於探索，勤於實踐，勤於總結。看古今中外，凡有建樹者，在其歷史的每一頁上，無不都用辛勤的汗水寫著一個閃光的大字——「勤」。

1）勤快帶來成果

我國歷史巨著《史記》的作者司馬遷，從二十歲起就開始漫遊生活，足跡遍及黃河、長江流域，彙集了大量的社會素材和歷史素材，為《史記》的創作奠定了基礎；德國偉大詩人、小說家和戲劇家歌德，前後花了五十八年的時間，搜集了大量的材料，寫出了對世界文學和思想界產生很大影響的詩劇《浮士德》；經營之神王永慶小學畢業後，先到茶園當雜工，後來又到一間米店當學徒，十六歲時用父親所借的兩百元自己開辦了一家米店，之後又經營過碾米廠、磚瓦廠、木材行、生產ＰＶＣ塑膠粉等等，一九五四年籌資創辦了台塑公司……可見，任何一項成就的取得，都是與勤奮分不開的，古今中外，概莫能外。

２）勤快能累積實力

傳說古希臘有一個叫狄摩西尼（Demosthenes）的演說家，因小時口吃，登臺演講時，聲音渾濁，發音不準，常常被雄辯的對手所壓倒。但是，他氣不餒，心不灰，為克服這個弱點，戰勝雄辯的對手，便每天口含石子，面對大海朗誦，不管春夏秋冬，風霜雨雪，堅持五十年如一日，連爬山、跑步也邊走邊做演說，終於成為全希臘最有名氣的演說家；宋代學者朱熹也講過這樣一個故事：福州有一個叫陳正元的人，一篇小文章也要讀一二百遍才能讀熟。可是他不懶不怠，勤學苦練，別人讀一遍，他就讀三遍、四遍，天長日久，知識與日俱增，後來終於「無書不讀」，成了一個博學之士。

這說明，即使有些天資比較差、反應比較遲鈍的人，只要有勤奮好學的精神，同樣也是可以棄拙為巧應變拙為靈的。

勤奮是點燃智慧的火把。一個人的知識多寡，關鍵在於勤奮的程度如何。懶惰者，永遠不會在事業上有所建樹，永遠不會使自己變得聰明起來。唯有勤奮者，才能在知識的海洋裡獵取到真才實學，才能不斷地開拓知識領域，獲得知識的酬報，使自己變得聰明起來。

高爾基說過：「天才出於勤奮」。卡萊爾（Thomas Carlyle）也說過：「天才就是無止境刻苦勤奮的能力」。這就是說，只要我們不怠於勤，善求於勤，就一定能在艱苦的勞動中贏得事業上的巨大成就。我想每一個渴望能得到真知灼見的人，是一定能夠體會到「勤」的深刻含義的。

自私使人不受歡迎

我們想要獲得成功的人生，想要打開一生的局面，首先要學會做人，學會在各種人際關係中，讓自己成熟起來，讓自己具備智慧和能力。對任何人來說，如果能在言談舉止中表現出親切與和善，他自身的吸引力就會在不知不覺中大增。

人格優美、性情溫和的人，往往到處能得到他人的歡迎，也能處處得到他人的扶助。有些商人雖然沒有雄厚的資本，卻能吸引很多顧客，他們與那些資本雄厚但缺少吸引力的人相比，事業的進展必定更為顯著。

在社交上，如果你能處處表現出愛人與和善的精神，樂於助人，那麼就能使自己猶如磁鐵一般，吸引眾多的朋友。而一個只肯為自己打算的人，必然到處受人鄙棄。這樣的人也往往失道寡助。慷慨與寬宏大量，也是我們獲得朋友的要素。一個寬容大度的慷慨者，常能贏得人心。

在社交上，善於交往的人總是樂於說出他人愛聽的話，在談話和做事的過程中，樂於讚揚他人的長處，而不去暴露他人的短處。那種習慣輕視他人、喜歡尋找他人缺點的人，是不可信賴的，也不值得交結。

輕視與嫉妒他人往往是一個人心胸狹窄、思想不健全的表現，也是一個人思想淺薄與狹隘的表現。這種人非但不能認識他人的長處，更不能發現自己的短處。而有著健全的思想、對人寬宏大量的人，非但能夠認識他人的長處，更能發現自己的短處。

吸引他人最好的方法，就是要使我們自己對他人的事情很關心、很感興趣。但我們也不必做作，必須真誠地對別人關心、對別人感興趣，才有可能贏得人們的尊重和歡迎。人之所以不能吸引他人，是因為他們的心靈與外界隔絕，他們專注於自己。與外界隔絕，久而久之，便足以使自己陷於孤獨的境地。

有這麼一個人，幾乎人人都不歡迎他，但他不知道是什麼原因。即使他參加一個公眾聚會，人人見了他都退避三舍。所以，當別人互相寒暄談笑、其樂融融之時，他也只能一個人獨處在屋中的一個角落。即使偶然被人家注意，片刻之後，他也依舊孤獨地坐在一邊。這類人好似冰塊一樣，好似失去了吸引力的磁鐵。

這個人之所以不受歡迎，但他自己看來乃是一個謎，他具有很大的才能，又是個勤勉努力的人。他在每天工作完畢以後，也喜歡混在同伴中尋快樂。但他往往只顧到自己的樂趣，常常給人以難堪，所以很多人一看到他，就避而遠之。

其實，他不受歡迎最關鍵的原因在於他的自私心理，自私乃是他不贏得人心的主要障礙。他只想到自己而不顧及他人，每當與別人談話，他總是要把談話的中心，集中在自身或自己的業務上。

寬容大度的人總是受到人們的歡迎。如果一個人只顧自己，只為自己打算，那麼就沒有吸引他人的磁力，就會讓人對他感到厭惡，於是沒有一個人喜歡與他結交往來。

一個人只有真正對他人感興趣，樂於關心和幫助他人，才會有吸引他人的力量。而且對他人吸引力的大小，與對他人所感興趣的程度成正比。怎樣才能對他人感興趣呢？主要是能夠設身處地地為他人著想，能夠推己及人，給他人以深切的同情。

其實，人生最大的目標，並不應該只在於謀生賺錢，更要把我們內在的力量、我們的美德發揚出來。這樣，我們就自然會具有吸引他人的力量。這種卓越品性所具有的力量，遠遠超過金錢的力量！

打造良好的人際關係

在人生的大道上，只有先清楚地認識自己的一切，才能清楚地認識他人的一切。認識我們自己的真面目，是一個人走向成熟的第一步。

1、做一個讓人喜歡的人

我們要想自己的路好走，要想自己能夠更容易地向前邁進，就要讓別人喜歡你，讓更多的人為我們賣力。

也許我們學識淵博，也許我們能言善辯，也許我們談吐文雅，可是僅僅擁有這些還不夠，我們一定要讓別人喜歡我們。

人際交往中，別人喜歡或者憎厭你，是由你的社交水準、品位以及為人處世的方法所決定的。同時，它也可以決定你事業的成功或失敗。所以，在人際交往中，注意以下幾個方面陶冶、約束個人的品性和修養，就能有效地贏得他人的好感，避免惹人生厭。

1）收起爭強好勝的脾氣

初入社會的青年男女，接受新知識新觀念快，富有開拓創新精神，這是一種難得的人才優勢，但如果把這種優勢誤作為追求名利、嘩眾取寵、恃才傲物的資本，就很容易走入狂妄自大、爭強好勝的誤區。在社交場合，無論你自己的知識多麼豐富，口才多好，都應該時刻以謙恭的態度嚴格約束自己。這樣，個人形象不僅不會受到影響，反而還會使你獲得很好的人緣。

2）管好尖酸刻薄的話語

現實生活中，許多因詞不達意、語言尖刻抑或「刀子嘴豆腐心」而惹人生厭者比比皆是。正所謂「片言之誤，可以啟萬口之譏」。慷慨激昂，言人所不敢言，對方自會發生辛辣的反應；陳義晦澀，言辭拙訥，對方自會發生苦澀反應；一味訴苦，到處乞憐，對方自會發生寒酸反應；好放冷箭，傷人為悅，傷人越甚，越以為快，對方自會發生創痛的反應。

為避免出口傷人，說話宜三思而後動，不宜心直口快，宜和風細雨，不宜含沙射影。說話之前，起碼先得考慮這樣一個問題：「他願不願意聽你說話」，願意聽你就說，不願意聽還是免開尊口為妙。同時，要善於換位思考，你的金口玉言如果是對方說給你聽，你是愉悅還是心生不快？如此，便會漸漸改掉這種不受歡迎的毛病。

3）隱藏針鋒相對的態度

青年人血氣方剛，遇事容易激動，尤其在自以為正確的情況下，更易理直氣壯、咄咄逼人，這種處世方式是很不受歡迎的。因為人無完人，誰也不是聖人，說話辦事哪能沒有個閃失呢。

每個人都有心氣不順的時候，如果對方所說的話語，你感到不悅耳甚至反感，不妨充耳不聞。假如對方的行為，你覺得不順眼，不妨視而不見，何必過分認真、錙銖必較、窮追不捨，定要報以尖刻的話呢？

4）展現發自內心的尊重

所謂霸氣，就是指有些人只許他人尊重自己，而自己卻不尊重他人。如果你在與人交往時，無意中養成了這種不好的習慣，必遭眾人厭惡。尊重他人既是一個人行為的準則，也是一個人在人際交往中的信譽形象，無論做任何事，不尊重他人，你在人們心目中的形象首先就會大打折扣，更不要說霸氣十足而令眾人生厭了。

5）避免侵犯隱私的打探

剛踏入社會的人，對什麼都感到新鮮，因而樂於打破沙鍋問到底。殊不知社會上人員複雜，每個人為了保護自己的安全，有許多事情是不希望別人知道的。所以，除了對很親近的人或者很熟悉的朋友之外，一般不要去詢問別人的私生活。有時為了表示自己的關切，也要請求別人的同意，等別人自願告訴你。假如對方願意把事情告訴你，你千萬不要把知道的私事當做新聞一樣到處傳播。

2、做一個讓人信任的人

人際關係是人實現社會化的重要手段之一，與個人、社會都密切相關。好的人際關係會讓你的人生更加充實，讓你的事業更進一步。

首先，良好的人際關係有助於形成人的道德情感。透過觀察就能發現，在相容、相近、相親相愛的人際關係中最易於形成集體主義、利他主義，以及善良、熱情等高尚的情感。

其次，良好的人際關係有利於保持人的心理健康。和諧的人際關係能滿足人的精神需求，使人產生積極的自我肯定情緒，這種情緒狀態有利於人保持愉快的心境。在和諧肯定的人際關係中，每個人都能感覺自己對他人的價值和他人對自己的意義，這對於人的心理健康是很重要的。

第三，良好的人際關係能有效地促進活動的順利完成。在和諧的人際關係中，人們心情舒暢，智力活動得以正常進行。廣泛而和諧的人際關係有利於人開闊視野，拓展心胸，擴大選擇範圍，增進資訊來源。

第四，良好的人際關係可以提高社會的合作化水準及和諧度，有利於社會的發展和進步。人能夠長期忍受物質上的匱乏，卻無法長期忍受精神和情感上的匱乏。

人對他人的需要和依賴是遠遠超過我們每個人自己所了解和想像的程度的。沒有他人提供的物質，我們無以為生；沒有他人對我們精神上的慰藉，我們會度日如年。對於一個社會來說，後一點尤為重要。

我們每個人所渴望的關心和愛護，我們每個人所希冀的理解和友誼，我們每個人所需要的尊重和承認，都只有在他人那裡才能得到。沒有他人對自己的期待、信賴、友情與尊敬，我們就無從獲得我們所需要的安全感、幸福感和成就感，我們的存在也會失去價值和意義。

形成良好人際關係的一個重要條件就是人際信任。人的感情溝通是同性質的——愛引起愛，嫉妒引起嫉妒，恨引起恨。這是感情的正相關效應。所以，我們只是以愛來喚起愛，以愛來回報愛，以信任來喚起信任，以信任來回報信任。

由於許多原因，現在很多人在人際交往中存在的一個問題就是對他人難以信任，在有些人眼中，社會複雜得就像個大黑洞，你無法看清它的真面目；他人都是心懷叵測，不可相信的，因此，在與人交往中，疑慮重重，唯恐上當受騙。有些居心不良的人固然是要防備的，但畢竟是少數，不能因此連朋友也拒之千里。過分的狐疑、猜忌、不信任，會使人難於交友，無法形成相應的人際關係，在這種氛圍中工作學習都會受到影響，個人心理壓力也會很大。

但是，有些人容易走極端，在人際交往中對任何人都是以不設防的心態高度信任，這種做法也並不可取。有的人鑑別能力不是很高，過度地信任他人會使人喪失應有的警惕，使別有用心的人有機可乘。

發自內心地感到快樂

生活中是否經常聽到有人這樣那樣地抱怨，我們自己是否也有這樣的一種甚至幾種類似的感覺？

「我制定並實現了我的畢生目標，事業上已經功成名就，但卻犧牲了我的個人和家庭生活。我不再了解我的妻子和孩子。我甚至不能確定我是否了解我自己和對我來說真正重要的是什麼。我不得不捫心自問——這是否值得？」

「我又進行了一次節食——在今年這已是第五次了。我知道自己的體重過重，而且確實想改變這種狀況。我翻閱了所有的新資料，制定了目標，並以一種積極的精神態度使自己振奮起來，我給自己打氣——我能堅持下來，但我未做到。幾個星期後我就敗陣了。看來我連對自己作出的承諾都信守不了。」

「我一課又一課地上著有效管理培訓班。我對員工們寄予厚望，而且對他們竭力表示友好並公正地對待他們。但我從他們那裡感覺不到忠誠……這可怎麼辦才好？」

「不管我用什麼辦法，要做的事沒完沒了，時間老是不夠用，我整天——每天，一星期七天都感到精神上壓力重重，心煩意亂。我已參加了一些時間規劃的講座，並試用了五六種不同的時間安排方法。它們有些作用，但我仍感到自己現在並未過著一種我所想過的幸福、寧靜和富有成果的生活。」

「我很忙，的確忙。但有時候我不知道我現在的所作所為從長遠看是否會有意義。我確實希望我的生活是有意義的，不管怎麼樣，由於我的存在，情況還是有所不同了。」

「看到朋友和親戚取得了某種成就或獲得了某種成功，我熱情地向他們祝賀。但在內心裡，我卻感到悲哀憂傷，我怎麼會有這種感覺呢？」

「我具有堅強的個性。我知道，在幾乎所有的交往中，我都能左右結局。在大多數時候，我甚至能以影響別人來提出我所想要得到的答案，以此達到目的。我仔細思量了每一次情況，我確實感到自己的主意通常對每個人來說都是最好的。但我感到不安，總想知道別人在心裡究竟是怎麼看我和我的主意的。」

「我的婚姻已變得淡然無味。我們並不吵架或發生別的什麼事，只是彼此之間不再相愛。我們已向旁人諮詢求教，並已作了種種的嘗試，但看來我們就是不能重新燃起我們曾懷有的情感。」

《向你挑戰》一書的作者廉·丹佛認識到，他所接觸到的許多人從外表看事業飛黃騰達，但內心卻一直受到某種飢渴的困擾；他們渴望自身獲得和諧與效力，渴望與他人建立起一種健康和日益增進的關係。

這是一些深層次的問題、使人感到痛苦的問題——施以權宜的應急方法無法加以解決的問題。廉·丹佛指出：我們不僅必須觀察我們所看到的世界，還必須觀察一下我們看世界時所透過的媒介，以及媒介本身規定了我們對世界給予何種的解釋。如果我們想改變這種情況，我們首先必須改變我們自己，而要有效地改變我們自己，首先必須改變我們的觀念。人類之所以不同於其他生物，乃是因為具有極強的改造能力，可以把任何東西或想法轉換或改變成能讓自己覺得快樂或有用的東西。

人類是地球上唯一能夠過著豐富內在生活的動物，他經常不看外在的環境怎麼樣，而是憑著自己的選擇，來認定自我和決定未來的行動。

我們人類之所以不同於其他生物，乃是因為具有極強的改造能力。可以把任何東西或想法轉換或改變成能讓自己覺得快樂或有用的東西。而我們最強的能力，便是能把自己的經驗結合別人的經驗，創造出完全不同於任何人的方式，展現在生活的各種層面上。因而也只有人能夠改變心態，使痛苦化為快樂使快樂化為痛苦。

曾有這樣一件事，有一個人把自己關在籠子裡絕食抗議，他為了某個理由有三十天沒有進食任何食物，結果還能活下去。在肉體上他所承受的痛苦非常大，然而此舉卻能吸引大眾注意，他因而得到快樂，結果所受的痛苦便為快樂所抵消。若把範圍再縮小一點，有些人之所以願意忍受肉體的折磨，乃是因為這樣能得到鍛鍊身體的快樂，使嚴格克己的磨練轉化為個人成長的滿足。

這也就是何以他們能長久忍受那樣的痛苦，因為他們能得到所要的快樂。

我們不能隨著環境的變化而起舞，因為那樣就不能決定自己人生的方向。這種情況就有如一部公用電腦，任何人都可以輸入亂七八糟的程式。我們每個人的行為，不管是有意還是無意，都受到痛苦和快樂這股力量的影響，而這個影響的來源即兒時的玩伴、自己的父母、老師、朋友、電影或電視影片中的英雄及其他種種，不知不覺中它們對你造成了影響。有些時候可能是別人說的一句話、學校發生的一件事、比賽中的一場勝利、一次尷尬的場面，或是門門科目都是八十分以上的成績，這都可能對你造成莫大的影響，因而塑造了今天的你。由此可以說：我們的人生是掌握在對於痛苦和快樂的認定上。

當我們回顧過去，是否能夠回想出有哪一次經驗所形成的神經鏈對我們造成今日的影響？我們對那次的經驗賦予了什麼樣的意義？如果我們當時未婚，我們是把婚姻看成一件愉快的探險呢，還是把婚姻視為沉重的負擔？當晚上坐在餐桌上時，我們把用餐視為是一次給身體加添補給的機會呢，還是把大吃一頓當成快樂的唯一源泉？

奧瑞利歐斯說：「如果你對周圍的任何事物感到不舒服，那是你的感受所造成的，並非事物本身如此。藉著感受的調整，你可在任何時刻都振奮起來。」

鍛造完美人格

人格的魅力是天賜的財富，它能夠左右最強硬的人，有時甚至能改變一個國家的命運。擁有高尚人格的人，能使他人有一種昇華的感覺，釋放出一種無與倫比的潛力。他們擁有廣大的視野，一種新的力量在激盪，一種信仰般的體驗，仿佛長久以來一直壓迫著的巨石被移開了。

1、提升自我人格的高度

人生在世，總會遇到許多不平等或不公正的對待，但無論身處順境還是逆境，無論是對將軍還是士兵，每一個人在人格上卻都是平等的，這也恰恰是生活的公平。從這個意義上講：這個世界其實並沒有什麼卑微，但卻有卑鄙；也不存有什麼高貴，但卻有高尚。

然而，有些人總是千方百計製造尊卑，有些人也偏偏習慣於逆來順受。於是，才有了這個世界上眾多或因狂妄或因自卑而釀成的悲劇。人所受的傷害最大莫過於心靈的傷害；所受的摧殘最大莫過於精神的摧殘；所受的侮辱最大莫過於人格的侮辱。但人格並不是別人想侮辱就可以侮辱得了的。

當然，自卑並不就是對人格的貶低，但自尊卻一定是對人格的提升。自尊也並不排斥自卑。一個有著深刻自尊的人，往往在血液裡也含有著深刻的自卑，只不過有人善於把這種自卑化解為一份自尊的動力罷了。

自卑總是在心裡與別人比較，越比越覺得自己的渺小，越比越容易失去自己。自尊卻不然，自尊並不要求你勝人一籌，自尊只希望你做得比自己認為可能達到的更好。自尊，是一個人靈魂中的偉大槓桿。

「要窮，窮得像茶，苦中帶有一縷清香。」這是自尊；「要傲，傲得像蘭，高掛一臉秋霜。」這是自尊。

自尊與虛榮不同。自尊是對自己負責，追求的是踏實；虛榮是為自己化妝，追求的是浮華。自尊與清高相臨。一個人身上如果沒有些清高，那他也許很難始終保持住自尊；但一個人如果太清高了，清高到居高臨下俯視人生的程度，那麼他不是導致虛無便是變得「假聖人」般的虛偽。因此說，人不可有傲氣，但不可無傲骨。

自尊是骨子裡的，骨子裡沒有，你是怎麼也裝不出來的。以自尊獲得他人尊重，是魅力；以尊重他人獲得他人尊重，是理解；而想以乞求得到他人尊重，則是愚蠢。

尊重別人也尊重自己。學會尊重別人，需要的是理解和寬容；學會尊重自己，有時還需要耐得住寂寞，耐得住清貧。所以說：「人淡如菊自高潔。」所以說：「人必先自愛而後人愛之，人必先自助而後人助之。」

如果自尊是根，那自重、自愛便是它沉甸甸的果實；如果說，自尊、自責、自愛是構築人格的基石，那麼，自強、自立，便是人格向上發展的階梯。

社會在不斷地進步，但無論人與人之間怎樣的溫暖與友愛、體諒和理解，靈魂的支撐點卻永遠在於自己！一個總是為物所累、為名所累、為利所累以致失去自尊的人，不是人格的扭曲便是出賣整個人格。可悲的是有人明明懂得這一點，卻禁不住花花綠綠的誘惑。因此，不能不想起陶行知老先生的一句話：「學做一個人。」

人格總是在關鍵時展現，但人格的形成卻是在平凡的日常生活中。一個人可以平凡，但不可以平庸；可以做凡人，而思索則要學習偉人。道理實在簡單，就像「竿子越高，你跳得也越高」一樣，一個人只要有勇氣、有自信，把自己面前的橫竿每天清晨都提高一節，那麼你人格的提升也就必然了。

2、明白自己的魅力之處

你可能曾經遇到過初次見面時就深深吸引你的人，使你一見如故。事實上，每一個人都具有這種個人魅力，只是程度不同罷了。

個人的魅力似乎是與生俱來的，我們在言語及行為當中，把熱誠、愛及愉悅等情緒傳達給別人。我們無法增加個人魅力天生的質與量，卻可以加以組織，妥善運用，幫助我們達到任何目標。善用這種技巧的人，通常會成為領導者、開創者、行動者及提升人類文明的先鋒。然而，許多卑鄙的小人，同樣具有此種影響別人的偉大力量。因此，在確定別人的意圖和動機之前，我們都應該提高警覺。當然，你可以應用個人的能力追求成功，得到別人友善的合作，幫助你達到重要的目標。

個人的魅力主要是透過聲音、眼神及手勢散發出來——這些都是我們和別人溝通的主要方法。說話時的語氣和聲調往往比言談的內容和邏輯更有力量。因此，一個具有高度個人魅力的人，經常不需要開口說話就能夠吸引別人。

直接注視別人的眼睛，握手時厚實有力。充滿熱忱，散發自信；暢快地說話，聲音要有抑揚頓挫，能吸引別人的注意力。如此你也同樣具有無可抵擋的個人魅力。

有一天，一位禪師為了啟發他的門徒，給他的徒弟一塊石頭，叫他去菜市場，並且試著賣掉它，這塊石頭很大，很美麗。但是禪師說：「不要賣掉它，只是試著賣掉它。注意觀察，多問一些人，然後只要告訴我在菜市場，它能賣多少。」這個人去了。在菜市場，許多人看著石頭想：「它可以作很好的小擺飾，我們的孩子可以玩」，或者「我們可以把這當做稱菜用的秤砣」。於是他們出了價，但只不過幾個小硬幣。那個人回來，他說：「它最多只能賣到幾個硬幣。」

師父說：「現在你去黃金市場，問問那兒的人，但是不要賣掉它，光問問價。」從黃金市場回來，這個門徒很高興說：「這些人太棒了！他們樂意出到一百塊錢。」

師父說：「現在你去珠寶商那兒，但不要賣掉它。」他去了珠寶商那兒。他簡直不敢相信，他們竟然樂意出五萬塊錢，他不願意賣，他們繼續抬高價格——他們出到十萬。但是這個人說：「我不打算賣掉它。」他們說：「我們出二十萬、三十萬，或者你要多少就多少，只要你賣！」這個人說：「我不能賣，我只是問問價。」他不能相信：「這些人瘋了！」他自己覺得菜市場的價錢已經足夠了。

他回來，師父拿回石頭說：「我們不打算賣了它，不過現在你明白了，這個要看你，看你是不是有理解力。如果生活在菜市場，那麼你只有個市場的理解力，你就永遠不會認識更高的價值。」

你了解自己的價值嗎？不在菜市場上尋找你的價值，為了「賣個好價」，你必須讓人把你當成寶石看待。

3、確實地讓他人懂得尊重你

生活中，總有那麼一些人，他們不是三番五次地被人利用和欺負，就是被人占了便宜或忍受人格的汙辱。人們在表決時從不徵求他們的意見，不知什麼緣故，他們始終扮演著弱者的角色而不會抗爭。無論是在工作場所還是在家庭環境中，他們從來都不指望勝利，即使在與商店的店員打交道時，他們也會敗下陣來。因為害怕店員的眼光或是對方說出什麼刺耳之言，他們常常買回自己都不滿意甚至不想要的東西。

這就是軟弱可欺。其實，「弱肉強食」往往並非是強人先來食，反而大多是「弱肉」們教別人來這樣對待他們。許多「妻管嚴」的丈夫抱怨妻子對他們的限制過多；另一方面，又有不少妻子忍氣吞聲地對丈夫的辱罵和操縱逆來順受。試問一下，他們在戀愛之初是這樣的嗎？為什麼今天會變成了這樣呢？

毫無疑問，「適者生存，弱者消亡」這一生物間的自然規律是不會變的。生活中的弱者，在事業上也往往難以強起來——既然連自己的意願都不能表達，又怎能指望他們標新立異地進行創新和有所創見呢？

既然生活可以將你改造成為一個「軟弱可欺」的弱者，那麼經過努力，你就一定能夠再度變為一個強者。有一些策略，我們加以運用以告訴別人如何尊重你。

盡可能地使用行動而不是用言辭抗爭。如果在家裡有什麼人逃避自己的責任，而你通常的反應就是抱怨幾句，然後自己去做，那麼下一次你就一定要用行動來表示反抗。如果應當是你的兒子去倒垃圾而他經常「忘記」，那你就提醒他一次；如果他置之不理，就給他一個期限；如果他仍然藐視這一期限，那你就不動聲色地把垃圾倒在他的床下。一次這樣的教訓，要比千言萬語更能讓他明白你所說的「職責」是什麼意思。重要的是，當你試圖這樣做時，不必過多地考慮其後果如何。

拒絕你最厭惡的、也未必是你該負責的事。一兩個星期晚點上班，不主動更換開水和打掃辦公室，看看會發生什麼情況。當然，家庭外的問題處理起來要慎重些，而如果是家裡的事，則可以乾脆一些，「矯枉過正」。例如，你可以任意讓每餐的飯碗在水池裡堆積，無碗可用時，就去買新的。要不是你的家人能夠容忍這一切，就是他們得動手來自己照料。

斬釘截鐵地表示你的態度，即使在可能會有些唐突的場所，也必須毫無顧忌地對推銷員、陌生人說話，對蠻橫無理的人要以牙還牙，必須在一段時間內克服自己的膽怯和習慣心理，堅持一下；你就會發現事情本該如此！你只要從此中獲得十次成功，就一定會鼓起你的勇氣。注意，吵架時你就該大點聲！當然君子動口不動手，你只不過為了鍛鍊鍛鍊自己，跟他們沒仇。

不再說那些引誘別人來欺負你的話。「我無所謂」、「你們決定好了，我沒有這個本事」等，這類「謙恭」的推託之辭就像為其他人利用你的弱點開了許可證。當賣菜人讓你看秤時，如果你告訴他你對看秤一竅不通，那你就等於告訴他「多偷斤減兩」，這種事情隨時隨地都可以發生，如果你不介意的話！

對盛氣凌人者毫不退讓。當你碰到好隨意插嘴的、強詞奪理的、愛吹毛求疵的、令人厭煩的、多管閒事的，以及其他類似讓你難堪的欺人者時，要勇敢地指明他們的行為之不合理處，並要板起面孔對他們說「你剛剛打斷了我的話……」、「你的歪理是根本行不通的！」等等。這種策略是非常有效的教育方式，它告訴別人，你對他們不合情理的行為感到厭惡。你表現得越平靜，對那些試探你的人越是直言不諱，你處於軟弱可欺地位上的時間就越少。

告訴人們，你有權支配自己的時間和行為。不要去聽從那些並非命令的命令，休假期間你自己想做什麼就做什麼，出差辦事也大可不必抱住別人的大件行李，讓自己悠然自得地在前頭漫步。違背自己意願的出遊、為宴會湊人頭、幫忙買東西等等，都不要去做。你自己想做的事儘管去做，不要怕別人冷嘲熱諷，實在忍無可忍時，你盡可平靜地對他說，「這關你什麼事？」

敢於說「不」。乾脆地表明自己的否定態度，會使人立刻對你刮目相看。事實上，與那種遮遮掩掩、隱瞞自己真實感受和想法的態度相比，人們更尊重那種毫不含糊的回絕。同時，你也會從這種爽直的回答中，感到自信又回到自己的心中。欲言又止、支支吾吾的態度，只會給別人造成「誤解」你的意思的機會或漏洞。

不要為人所動，不要經常懷疑自己或感到內疚。如果別人對你的抗爭行為表示出不滿或因而生氣時，你不要為之所動、立即後悔。此時，他的情緒你還未必適應，你最需要的是站穩腳跟，靜觀後效。

記住，人們怎樣對待你，都最終取決於你自己。軟弱者突然出現的抗爭行為，往往會使人們不知所措，此時如果你不能堅持，那麼這就成了一場鬧劇，這對你的爭取「解放」的行為，無疑是一次巨大的打擊，並且今後會更難成功。

贏在格局，輸在心計

作　　者　蘇維晨

發 行 人　林敬彬
主　　編　楊安瑜
副 主 編　黃谷光
助理編輯　杜耘希
內頁編排　杜耘希
封面設計　高鍾琪
編輯協力　陳于雯、曾國堯

出　　版　大都會文化事業有限公司
發　　行　大都會文化事業有限公司
11051台北市信義區基隆路一段432號4樓之9
讀者服務專線：（02）27235216
讀者服務傳真：（02）27235220
電子郵件信箱：metro@ms21.hinet.net
網　　址：www.metrobook.com.tw

郵政劃撥　14050529 大都會文化事業有限公司
出版日期　2017年01月初版一刷
定　　價　280元
ISBN　978-986-5719-92-0
書　　號　Growth-090

First published in Taiwan in 2017 by Metropolitan Culture Enterprise Co., Ltd.

4F-9, Double Hero Bldg., 432, Keelung Rd., Sec. 1, Taipei 11051, Taiwan
Tel: +886-2-2723-5216 Fax: +886-2-2723-5220
Web-site: www.metrobook.com.tw
E-mail: metro@ms21.hinet.net

◎本書如有缺頁、破損、裝訂錯誤，請寄回本公司更換。

國家圖書館出版品預行編目（CIP）資料

贏在格局，輸在心計 / 蘇維晨 著.
-- 初版. -- 台北市：大都會文化, 2017.01
304面；14.8×21公分
ISBN 978-986-5719-92-0（平裝）

1.成功法 2.生活指導

177.2　　105023743